内容简介

本书有针对性地设立了三部分。第一部分为植物学基本实验技能，指导学生掌握植物学实验最基本的技能和方法以及植物学绘图的方法和要求等；第二部分为基础性实验，包括植物的形态结构和系统分类两大部分内容，有助于学生掌握植物学基础知识和实验技能；第三部分为综合性实验，是在开展植物学基础性实验的基础上设立的具有探究性、创新性的实验，通过学生自己设计实验方案，将植物学知识和其他方面的知识融会贯通以解决实际问题，提升学生的综合分析能力和实践能力，培养学生的创新思维和探索精神。

本书可用作综合性大学、农林院校、高等师范院校以及教师进修学院农学、生物相关专业的植物学实验教材，也可供中学生物学教师教学参考。

扫码获取本书数字资源

全国高等院校“新农科”建设实验实训实习教材

·植物生产类·

植物学实验指导

ZHIWUXUE SHIYAN ZHIDAO

主　编：于　杰（西南大学）

副主编：李运婷（西南大学）

杜红霞（西南大学）

参　编：江广渝（西南大学）

关　心（西南大学）

吕泽芳（长江大学）

柯尊丽（贵州中医药大学）

阮　宇（重庆三峡学院）

张文林（重庆文理学院）

江　波（长江师范学院）

西南大學出版社

国家一级出版社　全国百佳图书出版单位

图书在版编目(CIP)数据

植物学实验指导 / 于杰主编. -- 重庆 : 西南师范大学出版社, 2021.7(2023.9重印)
ISBN 978-7-5697-0892-9

Ⅰ. ①植… Ⅱ. ①于… Ⅲ. ①植物学－实验－高等学校－教学参考资料 Ⅳ. ①Q94-33

中国版本图书馆CIP数据核字(2021)第139149号

植物学实验指导

于　杰　主编
李运婷　杜红霞　副主编

责任编辑:杨光明　鲁　欣
责任校对:杜珍辉
封面设计:汤　立
排　　版:夏　洁
出版发行:西南大学出版社(原西南师范大学出版社)
重庆·北碚　　邮编:400715
印　　刷:重庆紫石东南印务有限公司
幅面尺寸:195mm×255mm
印　　张:10.25
字　　数:230千字
版　　次:2021年7月第1版
印　　次:2023年9月第2次印刷
书　　号:ISBN 978-7-5697-0892-9

定　　价:48.00元

前言

植物学是高等农林院校植物生产类和生物科学类专业的一门重要基础课；而植物学实验是植物学教学的一个重要环节，能帮助学生验证和巩固理论知识，培养学生的独立操作能力、观察能力、实践能力和独立思考能力，对学生科学素质的形成、知识体系的构建及创新思维的培养具有理论课无法取代的作用。

随着学科发展和高校实验教学改革不断深化，植物学实验教学大纲也随之更新。本教材依据最新植物学实验教学大纲，综合多年的植物学理论和实验教学经验，努力贯彻理论与实践紧密结合的指导思想，根据课程实际情况，参考国内外相关著作、文献和兄弟院校的相关教材编制而成。为培养学生严谨认真规范的科学态度和良好的职业素养，加强学生独立操作、分析、解决问题的能力，本书有针对性地设立了三部分内容，第一部分为基本实验技能，指导学生掌握植物学实验最基本的技能和方法以及植物学绘图的方法和要求等，让学生能够独立操作实验；第二部分为基础性实验，包括了植物的形态结构和系统分类两大部分内容，有助于学生掌握植物学基础知识和实验技能，主要培养学生操作以及观察、分析、解决问题的能力；第三部分为综合性实验，是在开展植物学基础性实验的基础上设立的具有探究性、创新性的实验，通过学生自己设计实验方案，融会贯通植物学知识和其他方面的知识解决实际问题，提升学生的综合分析能力和实践能力，培养学生的创新思维和探索精神。

本教程可用作综合性大学、农林院校、高等师范院校以及教师进修学院生物相关专业的植物学实验教材，也可供中学生物教师教学参考。教材中的部分图文引自国内外有关书籍和相关网站，由于篇幅有限，恕未逐一加注，在此一并致谢！限于编者的水平，错漏和不足之处在所难免，敬请专家和读者们指正！

目录

CONTENTS

绪 论

植物学实验是植物学课程的重要组成部分,它是以验证课堂理论、掌握研究方法和操作技能为宗旨,贯彻理论联系实际,是培养学生严谨的科学态度和创新思维,提升实验能力的重要手段。

一、植物学实验的目的

1.掌握植物学研究的基本方法与技能

能够熟练使用光学显微镜和解剖镜,掌握植物细胞、组织、器官结构的观察方法;掌握徒手切片、压片、透明、染色等制作临时切片的方法,并能在解剖结构和生理功能之间建立联系;能够运用对比法达到对知识的深入理解;熟练使用和编制植物检索表,识别常见科、属的主要特征及其代表植物,掌握植物分类的基本方法;理论与实践统一,加深对课堂讲授的内容的认识与理解。

2.培养科学态度和职业素养教育

培养学生进行科学探索与实验的能力,以适应新经济时代对科技人才的基本要求;能够运用植物形态结构、系统分类基本理论与方法解决生产中的具体生产问题;在实验教学中遵守实验室管理规定、爱护实验室仪器设备、严格遵守实验操作规程、认真书写实验报告等,让学生养成遵章守纪、遵守规程的良好职业素养。在实验过程中,分工协作,培养团队合作精神,锻炼动手实践操作能力。

二、实验室规则

为确保实验的顺利进行,进入实验室的学生必须遵守以下规则:

(1)上课不得迟到、早退或旷课,有事、有病须请假。

(2)学生应提前5-10min进入实验室,做好实验前的准备工作。

(3)按号使用显微镜和解剖镜,使用前要检查,使用后要擦拭整理,并放回原处,不准私自拆卸仪器或调换零件。如果发现损坏或发生故障，要及时报告指导教师。

(4)爱护仪器、标本及其他公共设施，节约药品和水电。损坏物品时应主动向指导教师报告并及时登记。

(5)保持实验室安静、整洁。实验时不得任意走动、接听电话和大声喧哗；未经允许，严禁乱动其他实验器材、陈列标本等；室内严禁吸烟，不准随地吐痰和乱扔纸屑、杂物等。每次实验后，各实验小组要清理实验桌面，并轮流清洁实验室。

(6)实验结束后，所借仪器、用具必须清理后如数归还，不准乱抛或私自带走，最后离开实验室的学生要负责检查水、电、门、窗等是否关好。

三、实验要求

为保证实验教学的效率和质量，学生须按以下要求完成课前、课中和课后的任务：

(1)实验前必须认真预习每次实验课内容，明确实验目的、要求、内容和方法等，写出简单的实验提纲，并准备好个人实验物品。

(2)必须仔细听取教师对实验课的要求，操作中的重点、难点和应注意问题的讲解。

(3)实验时，学生应根据实验指导独立操作，仔细观察，做好记录。遇到问题，应积极思考分析原因，排除故障。对于经自己努力解决不了的问题，应请指导教师提供帮助。

(4)积极开展第二课堂的教学活动，学生除了在实验室学习外，还应以整个校园、植物园、各大公园等作为课堂，理论联系实际进行学习。

(5)按时完成实验作业。要求实验报告书写整齐、清洁、简明扼要，绘图要细致、准确、真实，按照绘图要求认真完成。

四、课前准备

(1)绘图铅笔(HB、2H、3H各一支)、实验报告册、小刀、尺子、橡皮擦等。

(2)植物学实验指导、植物学理论教材、课堂笔记等学习资料。

第一部分

植物学基本实验技能

一　显微镜的构造与使用

显微镜的种类繁多，可分为光学显微镜和电子显微镜。其中光学显微镜包括单式显微镜和复式显微镜，下文介绍的是植物学实验课中最常用的光学显微镜，是一种复式显微镜。

1.显微镜的构造

显微镜种类繁多，结构复杂，但其基本结构都由机械部分和光学部分组成(图1-1)。

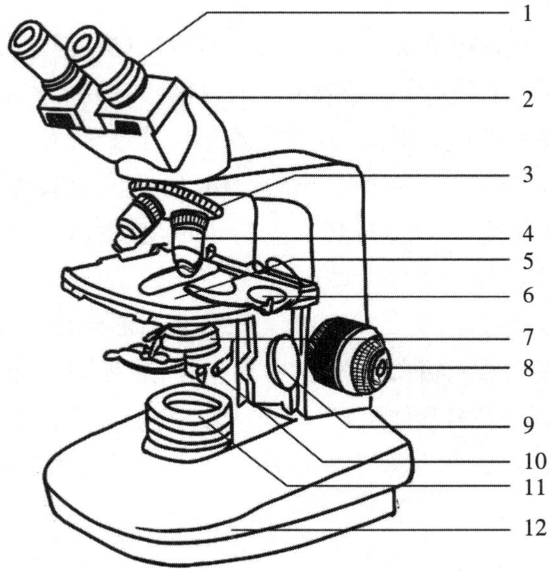

图1-1　显微镜的基本结构

1.目镜　2.镜筒　3.物镜转换器　4.物镜　5.载物台　6.玻片移动器　7.聚光器
8.调焦手轮　9.聚光器升降手轮　10.光圈　11.内置光源　12.镜座

(1)机械部分

①镜座：是显微镜的基座，通常是一马蹄铁或宽铁盒，用以稳定镜身或安装镜内光源。

②镜柱：镜座上的直立支柱，用以支持镜身。

③镜臂：取镜时的手握部位，弯曲或直立，上装镜筒，下装载物台。

④转换器：装在镜筒下方，上有3~4个安装物镜丝孔的转盘，用来转换物镜。

⑤调焦装置：是安装在镜臂上的一对大、小旋钮，用以调节物镜与标本之间的距离而达到对准焦距的目的。大旋钮称粗调器，每转动一周载物台上升或下降10mm；小的旋钮称微调器，每转动一周载物台上升或下降0.1mm。

⑥载物台：方形或圆形，中间有一通光孔，台上安装有玻片标本移动器，用来支持并移动

玻片标本，或装有一对弹性压片夹，用来固定玻片标本。

（2）光学部分

①物镜：安装在物镜转换器丝孔下，用来获得观察物的倒置实像。每个镜头由一组透镜组成。转换器上通常接装有3~4个物镜，放大倍数10倍以下的称低倍镜，放大倍数40~60倍的称高倍镜，二者之间的称中倍镜，有些还装有放大倍数90~100倍的油镜。一般物镜愈长，放大倍数愈大。物镜上除标有放大倍数外，还有其他数值，如10倍的物镜上标有10/0.25和160/0.17等，10表示物镜的放大倍数，0.25表示镜口率，160为镜筒的长度（单位为mm），0.17为盖片的厚度（单位为mm）。

②目镜：即观察镜。它将物镜获得的物像进一步放大（虚像）。目镜由两个透镜组成，装在镜筒上方。每台显微镜有几个放大倍数不同的目镜（如：6×、8×、10×、16×）。一般目镜愈短，放大倍数愈大。显微镜的放大倍数=目镜放大倍数×物镜放大倍数。在目镜内可安装指针，用以指示所观察物体的部位；也可安装测微尺，用以测量所观察物体的大小。

③内置光源：由安装在镜座内的灯泡（通常采用高亮度的卤素灯）和非球面聚光镜组成。光线的强弱可通过亮度调节旋钮或滑块调节。

④聚光器：由几个透镜组成，安装在载物台下面，正对通光孔，用来汇聚光束并照射到通光孔处的玻片标本上。聚光器有升降装置，其下面还装有可变的孔径光阑（光圈）。可通过改变光圈大小和升降聚光器来获得最佳照明。

⑤镜筒：是光路的通道，有直筒、斜筒、单筒、双筒、活动筒与固定筒之分。镜筒上装目镜，下接物镜转换器与物镜。

2.显微镜的使用

（1）取镜

必须一手握住镜臂一手托住镜座，将电源线环绕于镜身上，决不允许单手提镜。保持镜身平稳，防止冲撞、跌落。严禁将显微镜倒置，以免目镜滑出破损。

（2）置镜

必须小心轻放，使镜座后沿距桌边约10cm，正放于实验台上。

（3）对光

转动转换器，将低倍物镜对准通光孔，打开镜座上的电源开关。

（4）装片

将玻片标本轻轻擦拭干净，以压片夹固定好，转动载物台下方移片器的旋钮，使被观察的物体正对通光孔的中心位置。注意勿让临时装片中的药剂、水等污染载物台与聚光器。

（5）观察

应先用低倍镜观察。其方法是旋转粗调器，使镜筒下降或载物台上升至物镜距盖玻片约5mm处，反方向慢慢转动粗调器，直至视野中显现物像为止，再转动微调器至物像清晰。此时便可在低倍镜下观察标本的结构。

如果观察的物像太小或者需要详细观察标本局部的细微结构，则需用高倍镜。其方法是在低倍镜下将观察目的材料移至视野中央，然后转动转换器，将高倍镜置入光路。换物镜后便能见到模糊的物像，然后转动微调器直至物像清晰。

观察时的一些注意事项：①观察较大的标本或只观察细胞组织的分布，宜使用视野大的低倍镜，若低倍镜也不能看到标本的全貌，则需通过移片器移动载片由外至内（或由内至外）分部位逐一进行观察（注意移片的方向与物像移动的方向相反）；②在需要观察标本之局部细微结构或细胞内部结构时才需换用高倍镜；③换用高倍镜后，若视野亮度不足，可适当开大聚光器下的孔径光阑及调节亮度开关以提高照明强度；④若被观察物像对比度低，则要选用合适的染液对标本进行染色，并在此基础上加用互补色滤光片，以提高对比度；⑤观察时如需更换装片，要先将高倍镜换成低倍镜，然后取下原玻片，换成新玻片，重新由低倍镜开始调试观察。

（6）收镜

观察完毕，降下载物台，将玻片标本取下，将物镜转离通光孔，然后一手握住镜臂，另一手托住镜座放回原处。

3.显微镜使用的注意事项

①显微镜是精密仪器，使用时一定要严格遵守使用方法，不允许随意拆修。

②取还显微镜时，一定要平拿平放，一手握住镜臂，一手托住镜座，不得倾斜，以防目镜从镜筒上端滑出。

③保持显微镜清洁。观察临时装片时，一定要将玻片上溢出的水或染液及时擦干，以免污染镜头。

④观察玻片时，一定要按先低倍镜后高倍镜的顺序使用。

⑤由低倍镜转换高倍镜或高倍镜转换低倍镜时，应转动转换器，一定不要用手掰着物镜转动，防止物镜移位或脱落。

二　植物学常用制片方法

在光学显微镜下观察植物细胞的结构时，必须将植物的细胞、组织或器官做成薄的制片，这样才能使聚光器的光束透过切片将物像反射到目镜，观察者才能看到材料的内部结构。这些薄片不能过厚（一般以一层细胞的厚度最好），如果过厚不但细胞相互重叠，而且光线不易穿透。虽然在显微镜下勉强可以看到细胞的轮廓，但细致的结构很难看清，因此制片极为重要。制片方法有多种，如冰冻切片法、石蜡切片法、徒手切片法、压片法等，但常用的简单的切片方法是徒手切片法和压片法。

（一）徒手切片法

徒手切片是用手持刀片，将新鲜材料或预先固定好的材料切成薄片的制作方法。徒手切片法的优点是不需要复杂的设备，方法简便，制片迅速，而且能观察到植物组织的自然色泽和活体结构，常用于研究植物解剖结构、植物资源鉴定等。缺点是对于体积过小、太软、太硬的材料则难以切片，而且不能制成连续切片。做好的薄切片经染色、脱水、透明、封固后可制作为永久装片。

1.取材

对于圆柱体材料取长1-15cm，扁平材料取长1cm、宽0.8-1cm。

2.切片

进行切片前，先准备好盛有清水的培养皿、毛笔、刀片等用具。

（1）一般材料的切片方法和步骤

在切片时用左手大拇指、食指和中指捏住材料，拇指略低于中指，使材料突出于手指之上，这样以免切伤手指。右手平稳地拿住刀片，将刀片平放在左手的食指之上，刀刃向内，且与材料断面平行，然后以均匀的力量，从左前方向右后方拉，材料要一次切下（切忌切片中途停顿或前后"拉锯"式切割，切片时要用臂力而不要用腕力，而且不要用力过大，也不能用刀片直接挤压材料，或从左右两个方向来回切割材料，这样都不能切出合格切片）。

为了避免材料干枯，应使材料的切面及刀刃上保持有水，呈湿润状态。待连续切若干片后，用毛笔蘸水刷下薄片，放入盛有固定液的培养皿中，再从中挑选出最薄的、最透明的、完整而又均匀的薄片，放在滴有水的载玻片上。用低倍镜检查，去掉不完全、不均匀、细胞不清楚的薄片，将理想的薄片装入固定液中备用。

（2）柔软或坚硬材料的切片法

过于柔软的器官，例如幼嫩的叶子，难以直接拿在手中进行切片。切片时需放在夹持物中，以便于操作。夹持物一般用胡萝卜根、土豆块茎、通草等，将要切的材料夹于其中，然后进行切片。

对于较坚硬的材料，需要经过软化处理才能进行切片。其软化方法通常是将要切的材料先切成小块，然后在开水中煮沸3-4h，再浸入软化剂[50%（体积分数）酒精:甘油=1:1]中，一昼夜后或更长时间后再切。

对于已经干燥或富含矿物质而更硬的材料，可先于15%的氢氟酸水溶液中浸渍数周后（使之充分浸透），再置于甘油中软化后方可进行切片。

3.番红染色

其目的在于增进细胞各部分结构折光率对比，使之易于识别，其原理为物理吸附作用和化学作用。将玻璃皿中的固定液倾去，用水浸洗2-3次，再倒去水。加入番红水溶液，放置4-

8h,使材料染成深红色。

4.脱水

其目的在于除去材料含有的水分,使之易透明,不易腐坏。洗去浮色后,逐次以20%、40%、60%、75%、85%各级浓度酒精脱去水分,每次约2-3min,最后倾去酒精溶液,将材料在低倍镜下检查,观察番红染色程度是否合适,若染色不深,须依次逆回到各级浓度酒精,再放入番红水溶液中重新染色。

5.固绿对染

倒去玻璃皿中的85%酒精,加入适量的固绿酒精溶液,染色10s左右。

6.再脱水

倒去固绿染料,加入95%的酒精,倒去95%的酒精,加入纯酒精2-3次,每次静置1-2min。

7.透明

倒去纯酒精一半,加入等量的二甲苯(若此时出现乳白色,证明脱水未尽,须立即返回纯酒精中去);倒去纯酒精-二甲苯混合液,加入两次纯二甲苯,每次静置1-2min。

8.封固

待二甲苯挥发尽时,将薄片移至载玻片中部,立即滴一滴加拿大树胶(若做临时封片,则用纯甘油代之,注意封片剂的量要合适,不宜过多也不能太少)在薄片上,盖上盖片,放于平面处,待其干燥后即可永久保存使用。

9.贴标签

在制作好的玻片标本的右边贴上标签。标签写明某某材料横切片或纵切片,作者姓名及年、月、日。

(二)临时装片法

临时装片是指把将要用于显微镜观察的材料临时做成装片。临时装片通常是由从生物体上撕取或挑取的材料制成。

1.擦净载玻片和盖玻片

(1)擦载玻片

用左手的拇指和食指捏住载玻片的边缘,右手用纱布将载玻片上下两面包住,然后反复擦拭,擦好后放在干净处备用。

(2)擦盖玻片

先用左手拇指和食指轻轻捏住盖玻片的一角,再用右手拇指和食指用纱布把盖玻片包住,然后从上下两面隔着纱布慢慢地进行擦拭(注意用力一定要小而均匀,以免盖玻片破损)。

2.滴水

在擦净的载玻片中央滴一滴蒸馏水，水可避免材料干瘪皱缩，保持材料新鲜饱满，同时使物像透光均匀。

3.取样

再用镊子撕取或毛笔挑取切好的存放于固定液中的材料薄片，置于载玻片的水滴中。注意选取薄薄的透明切片，不要过大或过多。如为表皮，要将其展平不重叠。

4.装片

右手持镊子，轻轻夹住盖玻片的一角，使盖玻片的边缘与材料在左边水滴的边缘接触，然后慢慢倾斜下落，最后平放于载玻片上，这样可避免产生气泡。如盖玻片下的水过多，可用吸水纸从另一侧将多余的水吸掉。

5.染色

有的实验材料在观察之前还需进行染色，可在已制作好的水封片的盖玻片一侧滴一滴染液，同时在另一侧边缘用吸水纸吸，使染液渗入盖玻片中，与材料充分接触。

这样一张临时装片便制作完成，材料应无褶皱、不重叠，装片内部无气泡。

（三）压片法

观察有丝分裂和染色体最好采用根尖压片技术以获得完整的分裂相和染色体相。各种植物的根尖均可用来制片，而洋葱根尖、蚕豆根尖与玉米根尖，因其染色体大而数目少，是常用的实验材料。醋酸洋红染色因其简便易行，是常用的染色法。其制片技术如下：

（1）生根

洋葱用鳞茎，蚕豆、玉米和小麦用种子，在15℃左右进行培养生根。

（2）取材

主根、侧根的根尖均可使用，在分裂相较多的时间段（多数植物在上午11点左右，有的在下午5点左右）切取根尖，立即固定或进行低温及药剂（常用0.1%秋水仙碱溶液）处理后固定。

（3）固定

用现配的醋酸酒精固定液浸泡1h，将细胞杀死，使其内部结构固定，保持完好。然后转移至70%乙醇中低温贮存。

（4）解离

用1mol/L盐酸在室温下解离8-10min。

（5）水洗

用蒸馏水浸洗2-3次，每次3min。

(6)染色

将根尖置于洁净的载片上，切弃根冠（约1mm）和伸长区，再将分生区切成若干薄片，加一滴醋酸洋红染液浸染。

(7)压片

盖上洁净的盖片，在酒精灯火焰上微烤（注意勿使染液沸腾），然后平放于桌面上，用解剖针柄对着有材料的地方轻轻敲击盖片，使细胞散开（勿使盖片左右错动）。必要时可隔着一层滤纸用拇指平稳地下压盖片将细胞压至扁平，使染色体散开。

(8)镜检

往盖片边缘添加一点点染液，用滤纸擦去盖片外多余的染液，然后镜检。理想的片子还可进行脱水与封藏制成永久玻片标本。

三　植物绘图方法

1.绘图的基本要求

①保证所绘图形的科学性与准确性。选择正常典型材料，在认真观察的基础上，按比例缩放图形而不做艺术上的夸张。

②采用点线图。轮廓部分用线条表示，要求线条粗细一致，光滑均匀，接头处不露痕迹；细胞生活部分颜色的深浅或折光率的差别，用疏密程度不同的圆点表示，点要圆而匀，不得涂抹阴影。

③报告单上所有注字及绘图一律使用黑色铅笔，严禁用自动铅笔。

2.绘图的基本步骤

①在规定的地方写明班级、姓名、学号，并在报告单上方写清实验序号与实验名称。

②合理布局：根据绘图数量的多少安排图的位置及图的大小，图的右侧必须留出标注空间，图的下方留出图题及所用实验材料名称的注字位置。

③绘草图：用HB铅笔按比例大小在图纸上轻轻地勾出图形轮廓，以便修改。

④实描：当草图和实际相符合后，用2H或3H铅笔描绘各部分结构。

⑤标注：图上的结构名称用直线在图的右方平行引出，标注线之间不能交叉。字迹端正，并排列整齐；图的下方注明图题及实验的材料名称。

四　描述植物的方法

传统的植物的分类及鉴定仍以外部形态特征为主要依据，因而要根据外部形态对植物进行分类及鉴定，必须对多种多样的植物认真进行内部和外部观察，然后运用已学过的形态术语加以描述。

描述植物的具体步骤如下：

（1）对所描述的植物进行认真细致的观察。如描述草本植物，应从根开始，看它是属于直根系还是须根系，有无地下茎等；其次是茎、叶，茎的形态、颜色、有无皮孔等，叶的着生方式，单叶或复叶，叶形、叶缘、叶脉、质地等；对花的基本构造更要细心解剖观察。在观察花时，首先将花柄向上举，观察萼片结合与否，花萼裂片的数目、形状及附属物等，再观察花瓣结合与否，花冠类型、颜色、裂片数目及排列方式；剖开或除去花冠，置于解剖镜下，观察雄蕊，注意雄蕊的数目、排列方式、结合与否及其长短，并注意花药着生和开裂的方式等；最后观察雌蕊，先观察子房的位置，心皮的数目、心皮结合与否，然后横剖子房，观察胎座的类型，心皮结合形成的室数，以及胚珠的数目等。

（2）运用科学的形态术语，按根、茎、叶、花序、花的结构、果实、种子、花果期、产地、生境、分布、用途等顺序进行具体的文字描述。在描述的过程中要注意标点符号的应用。通常以“、”“，”“；”“。”将描述植物的各部分内容分开，以表示前后的关系。

为了便于掌握，现以百合为例说明描述植物的顺序和方法：

百合（*Lilium brownii* var. *viridulum* Baker），多年生草本，株高70–150cm。鳞茎球形，淡白色，先端常开放如莲座状，由多数肉质肥厚、卵匙形的鳞片聚合而成。根分为肉质根和纤维状根两类。茎有鳞茎和地上茎之分。地上茎直立，圆柱形，常有紫色斑点，无毛，绿色。叶互生，无柄，披针形至椭圆状披针形，全缘，叶脉弧形。花大、多白色、漏斗形，单生于茎顶。蒴果长卵圆形，具钝棱。种子多数，卵形，扁平。6月上旬现蕾，7月上旬始花，7月中旬盛花，7月下旬终花，果期7–10月。主产于湖南、四川、河南、江苏、浙江，全国各地均有种植，少部分为野生资源。花供观赏，鳞茎和鳞叶可食用和入药。

第二部分

基础性实验

实验一

植物细胞的基本结构与有丝分裂

【目的与要求】

(1)观察植物细胞在光学显微镜下的基本结构和特点。

(2)观察认识植物细胞的有丝分裂及各个时期的主要特征。

(3)了解质体、后含物的类型特点。

【材料与用品】

洋葱鳞叶、红辣椒果实、白菜心、黑藻、马铃薯块茎或莲根状茎、蓖麻种子、花生、大蒜干鳞叶、芋叶柄、柿胚乳切片、洋葱根尖纵切片(示有丝分裂)等。

显微镜、解剖针、镊子、刀片、载玻片、盖玻片、蒸馏水、稀碘液、吸水纸等。

【内容与方法】

(一)植物细胞的基本结构

1.洋葱表皮细胞结构的观察

(1)洋葱表皮临时装片的制作(图2-1)

在洁净的载玻片中央加一滴蒸馏水,将新鲜的洋葱鳞叶用刀片切成边长约0.5cm的小正方形块,用镊子撕下内表皮,迅速置于载玻片上的水滴中(注意撕下的一面向下),用解剖针小心展开铺平,盖上盖玻片(盖片时,应先让盖玻片的一侧接触水滴,然后慢慢放平,以免产生气泡影响观察),并用吸水纸吸去盖玻片周围多余的水分,置于显微镜下观察。

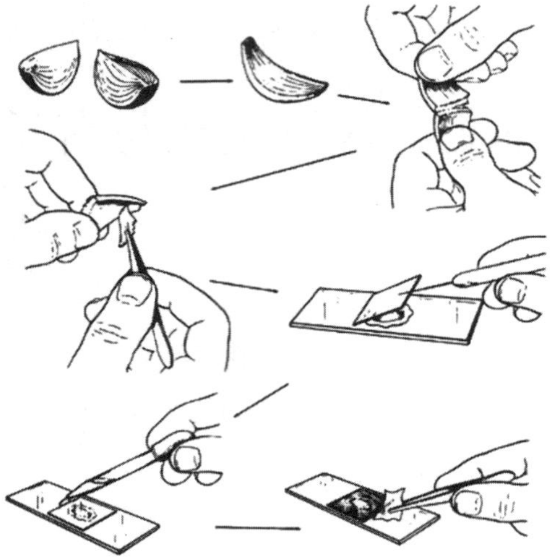

图2-1 制作洋葱表皮装片

(2)洋葱表皮临时装片的观察(图2-2)

在低倍镜下,可见到许多排列整齐的长方形网格,每一网格便是一个表皮细胞;移动载片,选择比较清晰而无气泡的区域置于视野中心,再换高倍镜观察,分辨出细胞壁、细胞膜、细胞质、液泡、细胞核等部分。

①细胞壁:位于细胞的最外层。因细胞壁无色透明,观察时,上、下两层细胞壁不易看见,而只能看见侧壁。所看见的侧壁实际上为两个相邻细胞的两层初生壁和胞间层构成。

②细胞膜:紧贴细胞壁内侧,光学显微镜不能分辨,若在盖片一侧滴加1~2滴8%的NaCl溶液,再在盖玻片另一侧用吸水纸吸水,当细胞完全浸没在NaCl溶液中时,细胞质会逐渐向内回缩与壁脱离,即细胞发生质壁分离,所见的细胞质的表面即为细胞膜。

③细胞质与液泡:为细胞膜以内、细胞核以外的原生质。洋葱鳞叶表皮细胞由于形成中央大液泡,细胞质呈一薄层围绕液泡而紧贴细胞壁。细胞质为半透明半流动胶体,光学显微镜下可看见其中有许多细小的颗粒。成熟的细胞经I_2-KI液染色后可见细胞中央染色最浅的淡黄色区域即为液泡,周围被细胞质所环绕,但分辨不出液泡膜。

④细胞核:一般为球形或椭圆形,因其折光率较高,比较容易分辨。在洋葱鳞叶表皮细胞中,核被大液泡挤在一侧,可见它常贴近细胞侧壁,部分细胞没有细胞核,说明它已衰老。调节微调器,在细胞核中还可看到一至多个发亮的圆球形颗粒即为核仁。

为了使某些结构清晰可见,可在盖盖玻片前后进行染色。其方法是将I_2-KI液滴在盖玻片的一侧,使盖玻片略倾斜或用吸水纸从另一侧将染液吸至盖玻片下,然后用吸水纸擦去盖玻片以外的染液。

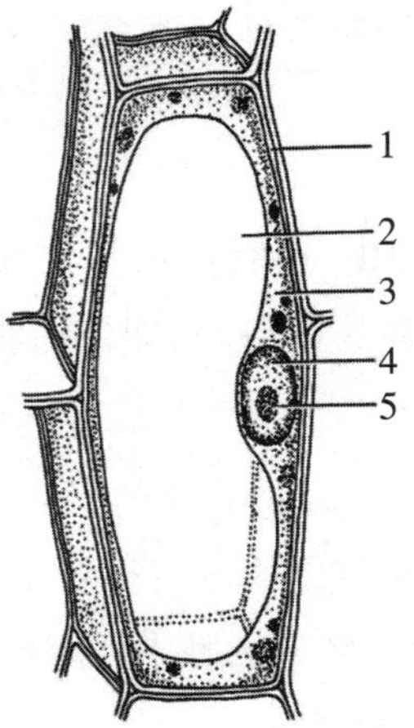

图2-2 洋葱鳞叶表皮细胞结构图(引自王幼芳等,2014)

1.细胞壁 2.液泡 3.细胞质 4.细胞核 5.核仁

2.质体的观察

(1)叶绿体

以黑藻叶或藓叶为材料做成临时装片,置于显微镜下观察,可见其中脉处由几层细胞组成,边缘薄而透明仅由一层细胞组成,将边缘部分移至视野中心换高倍镜观察,可见其细胞中有许多绿色球形或卵形颗粒,这就是叶绿体;也可用菠菜等绿色植物的叶片,撕去表皮后,用刀片刮取叶肉少许制成临时装片观察。

(2)有色体

用红辣椒(或番茄)做徒手切片或用刀片刮取少量果肉制成临时装片,置显微镜下观察,可清楚地看到许多橙红色的小颗粒,即为有色体。

(3)白色体

多存在于植物体的幼嫩部分或不见光的部分。取白菜或油菜的白色菜心,用镊子撕取其幼叶或叶柄的表皮制成临时装片,置显微镜下观察,在气孔器附近的表皮细胞的细胞核周围可以看到许多微小、透明的白色小颗粒,即为白色体。

3.后含物的观察

(1)淀粉粒

取一小块马铃薯块茎或藕根状茎,刮取少许汁液或用其切面在载玻片上涂抹几下,滴水封片进行观察。可见视野中有许多大小不等的半透明的卵圆形及球形颗粒。选取颗粒稀疏、无重叠的部分进行观察,其中最小的球形颗粒就是白色体(造粉体),大的就是淀粉粒。转换高倍镜,并将光线适当调暗,还可见淀粉粒内有明暗相间的同心轮纹和脐,若用I_2-KI稀释液染色，淀粉粒被染成蓝紫色，而白色体则不被碘液染色。藕的淀粉粒较大，同心轮纹和脐更易于观察。

（2）蛋白质

取蓖麻种子，剥去种子坚硬的种皮，用乳白色胚乳部分做徒手切片。显微镜下观察蓖麻胚乳薄壁细胞中有大量小而无同心轮纹的颗粒，即糊粉粒。糊粉粒是植物细胞中贮藏蛋白质的主要形式。

（3）脂肪

脂肪一般以油滴的形式存在于植物细胞中。把花生子叶切成薄片或制成涂抹片，滴加苏丹Ⅲ染液，盖片进行观察，在显微镜下可见细胞中（涂抹片则不见细胞）有许多大小不等的被染成橘红色的球形的油滴，即为贮藏的脂肪。

（4）晶体

取一小块事先经过酒精处理后的洋葱或大蒜的干鳞叶，装片观察，在显微镜下可见在长方形表皮细胞中有一些明亮的棍棒形、三棱形或十字形的草酸钙单晶。或用手挤压芋叶柄，将一小滴汁液滴在载玻片上做成临时装片，在显微镜下观察，可见许多针状草酸钙结晶，即针晶。

4.胞间连丝的观察

取柿胚乳细胞永久制片，置低倍镜下观察，可见到许多多角形的细胞，细胞壁特别厚，细胞腔很小，其内原生质体被染成紫黑色或在制片过程中脱落。选择相邻两个细胞的细胞壁部分，移至视野中央，转换成高倍镜，调暗光线，可见相邻的两个细胞加厚的细胞壁上，有许多暗黑色的细胞质形成的细丝，即胞间连丝。

（二）植物细胞有丝分裂的观察

取洋葱根尖纵切永久制片（示有丝分裂）（图2-3），先置低倍镜下观察，找出洋葱根冠端，移动切片，可以看到紧接根冠的部位细胞密集，无细胞间隙，细胞个体小，略呈方形，细胞质浓厚，染色较深，即为根的分生区。然后选择某些正处在分裂状态的典型细胞，移至视野中央，转换高倍镜，仔细观察细胞有丝分裂各个时期的主要特征。

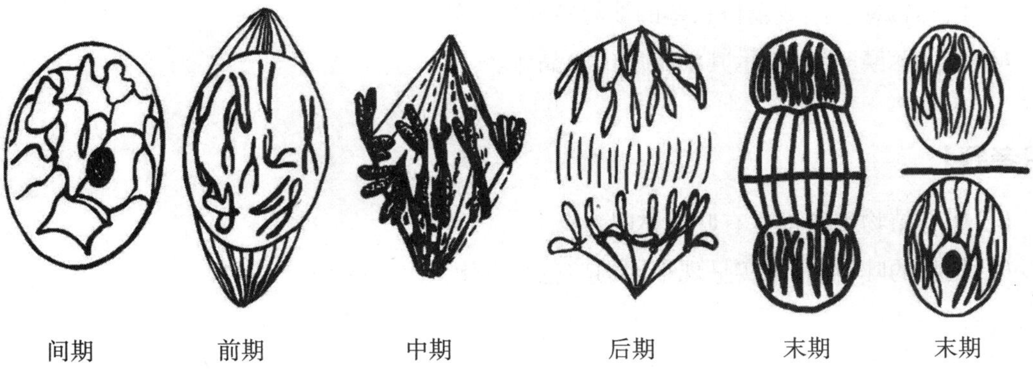

图2-3　植物细胞有丝分裂过程图解

(1)间期

细胞核大,位于细胞中央,结构均一,可以清楚地看到核膜和核仁,这是细胞积累物质储备能量准备分裂的时期。

(2)分裂期

①前期:此过程较长,在显微镜下可见到前期各个阶段。首先是细胞核内出现了染色较深的小块或颗粒,即变短变粗的染色体,最后成为形态清楚的棒状染色体,但成对现象不易见到。同时核膜解体,核仁逐渐消失。

②中期:染色体聚集到细胞中央,明显可见,着丝点排列在赤道面上,染色体呈弯曲状态,每条染色体纵裂为两条染色单体。由于细胞分裂的方向不同,在玻片中可以观察到两条不同的中期形态的细胞。一种是正面观,此对染色体呈放射状成圈排列在赤道面上;另一种是侧面观,此时染色体在细胞中央成排并列。中期纺锤体已明显形成,但在普通显微镜下一般不容易看清楚。

③后期:每条染色体的两条染色单体自着丝点处分开,在纺锤丝的牵引下,分别向细胞两极移动,成为两组染色体,于是每个染色单体就成为独立的染色体。

④末期:移到两极后的染色体,通过解螺旋作用,由粗变细,密集为一团,呈均一状态。核仁核膜重新出现,形成了两个子核,与此同时在纺锤丝中部出现细胞板,产生新壁,形成了两个子细胞。

【实验报告】

(1)绘洋葱表皮细胞结构图,并注明各个部分结构名称。

(2)按顺序绘出洋葱根尖细胞有丝分裂全过程各时期的细胞图。

(3)绘黑藻叶细胞结构图,示其中的叶绿体。

（4）绘马铃薯块茎或藕根状茎的淀粉粒和白色体。

（5）绘大蒜鳞叶细胞，示其细胞质中的晶体。

【思考题】

（1）所有植物细胞都含有叶绿体吗？

（2）植物的叶、花和果实呈现不同的颜色是由什么决定的？

实验二

植物组织

【目的与要求】

(1)掌握组成植物体的常见组织类型以及各自的功能。

(2)掌握植物各类组织的形态结构、细胞特征及其在植物体内的分布。

(3)了解植物各类组织之间的相互关系,并理解组织与机能的统一关系。

(4)掌握徒手切片制片法。

【材料与用品】

蚕豆叶片、马铃薯或红薯块、芋叶柄、梨果肉、芹菜茎横切片、椴树茎横切片、南瓜茎纵切片、南瓜茎横切片、棉叶横切片、松针叶横切片、柑橘果皮切片、蓖麻茎切片(示纤维)。

解剖镜、显微镜、放大镜、解剖针、镊子、刀片、载片、盖片、蒸馏水、吸水纸等。

【内容与方法】

1.分生组织

取洋葱根尖纵切片在显微镜下观察,先找到根冠,根冠之上细胞较小、密集、颜色较深的部位,即为顶端分生组织。顶端分生组织细胞小,基本为等径;细胞壁薄,细胞质较浓,核相对较大,液泡少而小,分裂能力强;细胞排列整齐,无细胞间隙;细胞内基本无后含物。

2.保护组织

(1)表皮

1)双子叶植物的表皮

用镊子撕取蚕豆叶下表皮一小片(注意:要撕取透明的不带有叶肉的下表皮),制作临时装片,置于显微镜下观察。可见细胞排列很紧密,无细胞间隙,细胞壁薄,呈波纹状,相互嵌合,细胞核一般位于细胞壁边缘,细胞质无色透明,不含叶绿体,即为表皮细胞。在表皮细胞之间,还可以看到一些由两个肾形保卫细胞组成的气孔,保卫细胞有明显的叶绿体,也有细胞核。

2)单子叶植物的表皮

取黑麦草、水稻或玉米等禾本科植物的叶片,平放于事先准备好的橡胶垫上,上表皮向上,用左手固定住叶片的两端,右手用刀片将上表皮及叶肉刮去,用毛笔将刮下的叶肉及表皮刷去，仅留下透明的下表皮，选取一小块制成临时装片，置于显微镜下观察。可观察到单子叶植物（禾本科）的表皮细胞形状较规则，长短两种细胞相间排列，不含叶绿体；气孔是由两个哑铃形的保卫细胞和两个副卫细胞组成；可见表皮毛。

（2）周皮

取三年生椴树茎横切片置显微镜下观察，在低倍镜下可见椴树茎横切面外围有三个不同层次细胞紧密相接。换高倍镜观察，则见最外数层细胞，呈短矩形，排列紧密，细胞核和细胞质多已消失，此几层死细胞合称木栓层；木栓层以内1-2层有明显细胞核，具原生质的扁形细胞，即木栓形成层；木栓形成层以内，有2-3层大型薄壁细胞，有细胞核和细胞质，称栓内层。木栓层、木栓形成层、栓内层合称为周皮。

在椴树茎横切片中选一具典型皮孔构造的片子，在低倍镜下对准皮孔，在表皮裂口（气孔所在处）下方，可见一群球形、排列疏松、细胞间隙发达的补充细胞，有通气作用，故称皮孔。

3.基本组织（薄壁组织）

（1）吸收组织

观察小麦根尖的根毛区，其外层细胞向外突出形成根毛，通过根毛和皮层进行吸收营养物质，并将吸入的物质输送到输导组织中。

（2）同化组织

观察棉叶横切片，在叶片上下表皮之间的叶肉中占比例最大的是一些含有叶绿体的薄壁细胞，它们能进行光合作用，制造有机物。

（3）贮藏组织

取毛茛根横切片观察，可见皮层部分许多薄壁细胞中含有颗粒结构，这就是贮藏的淀粉粒。这类薄壁细胞有贮藏营养物质的功能，故称贮藏组织。

（4）通气组织

观察芋叶柄、藕根茎横切面或水稻叶横切面，可见细胞之间有大的空腔，即为通气组织。

4.机械组织

（1）厚角组织

取芹菜叶柄横切片观察，可见分布在叶柄外围突起的棱角处的厚角组织，厚角组织细胞的特点是细胞壁在角隅处加厚，看起来很像一星芒状结构。其中灰暗色的“洞穴”是细胞腔，里面充满原生质体。取南瓜茎横切片，注意观察表皮内面有2-3层是由许多角隅加厚的细胞构成。

（2）厚壁组织

1）纤维。取苎麻茎离析材料装片观察。纤维是长条形而两端尖削的死细胞，壁厚，细胞腔狭窄，具纹孔。而导管则是相对较短，直径较粗，具各式加厚次生壁的空管结构。试判断属于螺纹、环纹、梯纹、网纹、孔纹导管的哪一种，并比较它们的长短、粗细及两端的形状有何不同。

2)石细胞。用镊子夹取一点梨果肉放在载玻片上(注意:材料要少取，有1-2个梨果肉的硬粒即可)，用镊子尽量将果肉压散，做临时装片并观察。可见许多短轴型细胞，细胞壁极厚，腔很小，无原生质体。在高倍镜下可看到细胞壁上有分枝的纹孔道；若在材料中滴加一滴浓盐酸，静置一会后，再滴加5%间苯三酚染色后观察，可见石细胞呈桃红色。

5.输导组织

(1)导管

取南瓜茎纵切片观察，在木质部可见环纹导管、螺纹导管和网纹导管；取蓖麻茎离析材料装片，观察孔纹导管。

(2)管胞

取杉木茎离析材料少许制片观察，一种两端斜尖、侧壁不同纹式增厚并木质化的细胞即为管胞。也可用马尾松茎的离析材料制片进行观察。

(3)筛管和伴胞

取南瓜茎纵切片在显微镜下观察，在导管的内外两侧，分布着一些被染成红色的筛管。它是由许多长管状的筛管分子所组成。换高倍镜，可以看到水平或稍倾斜的具筛孔的筛板。在筛管的旁边有狭长而两端尖的细胞，就是伴胞，伴胞具有细胞质和细胞核。再取南瓜茎横切片观察，注意筛管和伴胞的形状，并试着找找有无筛板。

6.分泌组织

(1)分泌腔

取柑橘果皮横切片观察，可见到许多薄壁细胞围拢成圆形的腔状结构，腔内有残余的细胞壁存在，这种腔内无完整分泌细胞的腔属于溶生分泌腔。取金丝桃叶或桉树叶横切片观察，可见由一群分泌细胞的中央因胞间层溶解而相互分离，使得中央间隙加大，形成围有一层分泌细胞的腔囊结构，为裂生式分泌腔。

(2)分泌细胞

取棉叶主脉横切片观察，可观察到分泌细胞、分泌腔和主脉处的蜜腺。

(3)树脂道

取松针叶或马尾松茎横切片观察，可见茎各部组织中分布有许多明显的、由分泌细胞围成的管道，称树脂道。

(4)腺毛

取天竺葵表皮观察，可见表皮毛和腺毛。

【实验报告】

(1)绘蚕豆叶表皮细胞及气孔器结构图,注明各部分的名称。

(2)绘分离的纤维细胞结构图,注明各部分的名称。

(3)绘梨石细胞结构图,注明各部分的名称。

(4)绘导管结构图,注明各部分的名称,并判断它的类型。

(5)绘筛管及伴胞的结构图,注明各部分的名称。

【思考题】

(1)试比较厚角组织和厚壁组织的区别。

(2)各种成熟组织都来自于分生组织,为什么它们之间存在如此大差异?

(3)分析各组织类型的主要功能与其结构的适应性?

实验三

根的结构

【目的与要求】

(1)掌握根的外形特征和变态类型。

(2)掌握根尖的外形、分区和内部结构。

(3)掌握双子叶植物和单子叶植物根的初生结构。

(4)了解双子叶植物根的次生结构。

(5)观察侧根的发生部位和规律。

【材料与用品】

蚕豆幼根根系、常春藤茎上的不定根、小麦(或玉米)幼根,根的各种变态类型代表植物;洋葱根尖纵切片、毛茛(或棉花、蚕豆)根横切片、水稻(或小麦、玉米)根横切片、棉花(或南瓜)老根横切片、蚕豆侧根发生横切片等。

解剖镜、显微镜、刀片、解剖针、载玻片、盖玻片。

【内容与方法】

1.根的形态

(1)主根、侧根和不定根

观察蚕豆的根系,分清主根和侧根;观察常春藤茎上的不定根。

(2)直根系和须根系

大多数双子叶植物的根具有主次之分,有明显的主根和侧根,称直根系;大多数单子叶植物的主根不发达,根系全部是由不定根及其分枝组成的粗细相差不多的均匀根系,称须根系。以蚕豆和小麦为代表观察根系外形特征。

(3)根的变态

根的变态有贮藏根、气生根和寄生根3类。

1)贮藏根

贮藏根根体肥大,形状多样,贮藏大量养分,贮藏的有机物有的为淀粉,有的为糖分和油滴。多见于2-3年或多年生草本植物中。根据发生来源不同,可分为肉质直根和块根。

①肉质直根:主要由主根发育而成,外形肥大肉质,以萝卜、胡萝卜、甜菜等为材料进行

观察。

②块根：由不定根或侧根的一部分膨大形成，外形肥大肉质，以红薯、乌头等为材料进行观察。

2）气生根

气生根是生长在地面以上空气中的根，有支持根、攀援根和呼吸根三种类型。

①支持根：支持根是植物茎上产生的不定根，可伸入土壤中起支持作用，以榕树、玉米为材料进行观察。

②攀援根：有些藤本植物，从茎上产生许多不定根，用以攀援其他物体表面，称为攀援根，以常春藤、凌霄等为材料进行观察。

③呼吸根：有些水生植物，由于长期生活在水中或沼泽地带，形成了露在空气中的根，以落羽杉、池杉、红树等为材料进行观察。

3）寄生根

寄生根是生于寄主植物组织中的根，通过伸入寄主茎的维管组织，吸取寄主养料和水分，以菟丝子、桑寄生等为材料进行观察。如无新鲜材料，可观察标本或图片（下同）。

2.根尖的外形与结构

（1）根尖的外形及分区

选择经吸涨萌发5-7d的小麦（或玉米）幼苗，待根长到2-3cm时，截取直且生长良好的根端部1cm左右，放置于洁净的载玻片上，在解剖镜下进行观察。幼根上有一区域密布白色根毛，为根毛区（成熟区）；根尖的先端呈半透明的帽状结构为根冠，罩在呈黄色的分生区外面；分生区呈浅黄色或深黄色，大部分被根冠所包裹；伸长区位于分生区与根毛区之间，是一段光滑洁白区域（图2-4）。

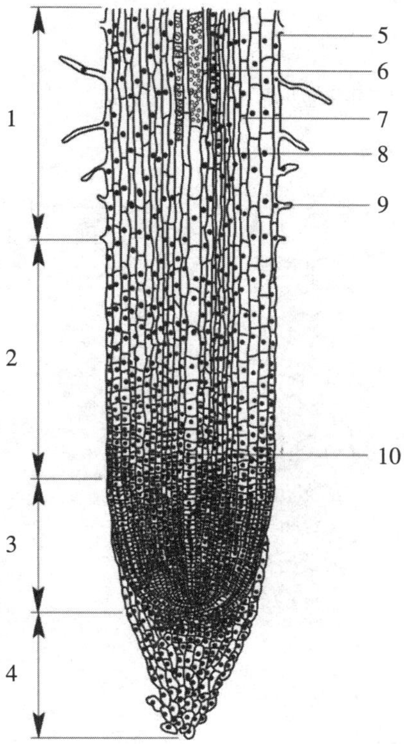

图2-4 植物根尖的外形及分区

1.根毛区 2.伸长区 3.分生区 4.根冠 5.表皮 6.导管 7.皮层 8.中柱鞘 9.根毛 10.原形成层

(2)根尖的内部结构

取洋葱根尖纵切片,置于显微镜下观察各区的细胞结构特点。先置于低倍镜下,边观察边移动切片来辨认根冠区、分生区、伸长区、根毛区所在的部位,然后转高倍镜仔细观察各分区细胞的形态、结构和特点。

1)根冠:位于根尖的最前端,有数层薄壁细胞组成,排列疏松,外层细胞较大,内部细胞较小。

2)分生区:包于根冠之内,长约1-2mm,由排列紧密的小型多面体细胞组成。此区细胞壁薄、核大、质浓、染色较深,有时可见到正处于有丝分裂状态的细胞。

3)伸长区:位于分生区上方,长约2-5mm,此区细胞一方面沿长轴方向迅速伸长,另一方面细胞开始分化,向成熟区过渡。细胞内均有明显的液泡,核移向边缘。

4)根毛区(成熟区):位于伸长区上方,根毛是由表皮细胞外壁向外延伸而形成的管状突起。此区域细胞在大小上与伸长区相比没有太多变化,根的中央部分可见到已分化成熟的螺纹、环纹导管。

3.根的初生结构

(1)双子叶植物根的初生结构

取毛茛、蚕豆、棉花等植物幼根横切片(图2-5)在低倍镜下观察,从外到内可依次区分为表皮、皮层、维管柱(中柱)三部分。

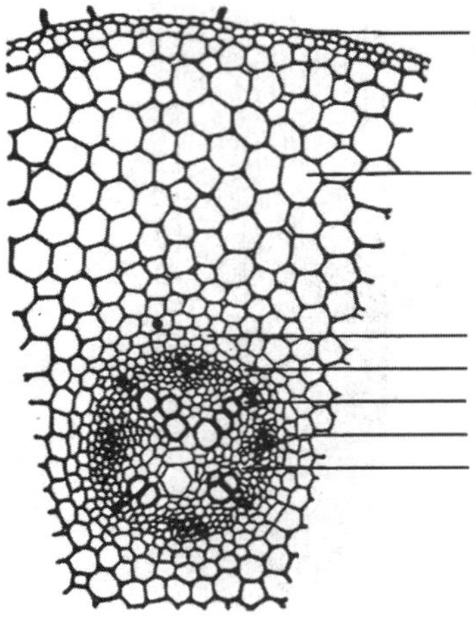

图2-5　蚕豆幼根横切面图

1.表皮　2.皮层　3.内皮层　4.中柱鞘　5.初生木质部　6.初生韧皮部　7.薄壁细胞

1)表皮

在根的最外面,为一层排列整齐而紧密的细胞,有些细胞的外壁向外突起形成根毛。

2)皮层

位于表皮之内,占根横切面比例最大,由多层薄壁细胞组成。可进一步分为外皮层、皮层薄壁细胞、内皮层三部分。皮层最外1-3层与表皮相接的排列整齐的细胞为外皮层。皮层最内一层细胞,称内皮层,细胞小,排列紧密而整齐,在细胞的径向壁或横向壁上有木栓化的带状加厚结构——凯氏带,在根的横切面上可见凯氏点(或凯氏带)(在根的横切面上不易切到细胞横壁,多横切在两径向壁之间,故大多只能看到两径向壁上的点状加厚,称为凯氏点。在内、外皮层之间,为几层至十几层细胞体积较大、排列疏松、有明显细胞间隙的薄壁细胞即为皮层薄壁细胞。

3)维管柱

内皮层以内中轴部分为维管柱。通常包括中柱鞘、初生木质部、初生韧皮部和薄壁细胞四部分。

①中柱鞘:紧接内皮层的一层薄壁细胞,排列整齐而紧密,保持着分生组织的特点和功能。中柱鞘细胞可转变为具有分裂能力的分生细胞,侧根、不定根、不定芽、木栓形成层和维

管形成层的一部分都发生于中柱鞘。

②初生木质部：通常位于根横切面中央，在横切片中初生木质部的导管常被染色红色，其细胞壁厚、腔大，常呈辐射状分布。根据木质部导管辐射角的数目将根分为不同原型。如毛茛根横切的木质部有4个辐射角，即称四原型根。根的初生木质部的发育（成熟）方式为外始式，辐射角尖端处导管口径小，着色深，为原生木质部（多由螺纹导管和环纹导管组成），向心导管口径逐渐增大，着色变浅，为后生木质部（多由孔纹导管和网纹导管组成）。

③初生韧皮部：位于初生木质部辐射角之间，与初生木质部相间排列。该处细胞较小、壁薄、排列紧密，其中呈多角形的是筛管或薄壁细胞，呈三角形或方形的小细胞为伴胞，常被染成绿色。初生韧皮部外侧为原生韧皮部，内侧为后生韧皮部。在蚕豆幼根的初生韧皮部中，有时可见一束厚壁细胞即为韧皮纤维。

④薄壁细胞：介于初生木质部和初生韧皮部之间的细胞，其中有一层细胞是原形成层的保留，将来可转变成维管形成层的一部分。

（2）单子叶植物根的结构

单子叶植物的根没有形成层产生，所以只有初生结构。取小麦或水稻根横切片观察，同样可区分为表皮、皮层、维管柱三部分（图2-6）。

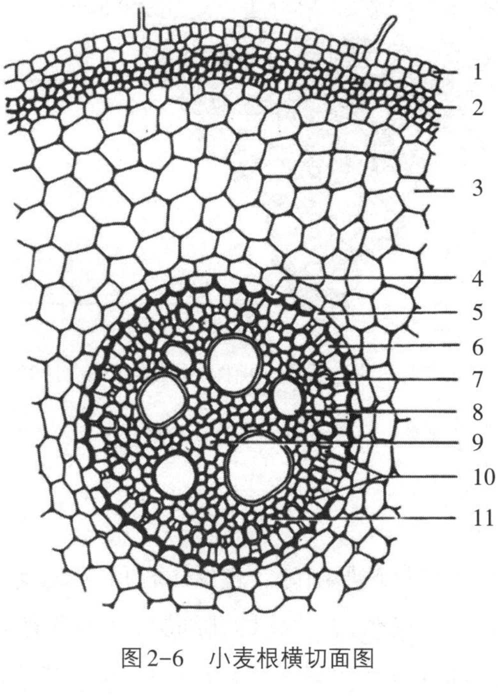

图2-6　小麦根横切面图

1.表皮　2.厚壁组织　3.皮层薄壁组织　4.内皮层　5.通道细胞　6.中柱鞘　7.原生木质部　8.后生木质部　9.髓　10.原生韧皮部　11.后生韧皮部

1）表皮：根的最外一层细胞，排列整齐紧密，根毛已残破不全。

2)皮层:包括外皮层、皮层薄壁细胞和内皮层。外皮层是表皮内,由内外两层薄壁细胞夹一层厚壁细胞而成。当表皮和靠表皮的一层薄壁细胞脱落后,厚壁细胞就起保护作用。内皮层细胞的细胞壁除外切向壁未增厚外,其余五面均增厚并木栓化,在横切面上呈马蹄形,与初生木质部辐射角相对应处的内皮层细胞壁不增厚,保持薄壁状态,称为通道细胞。

3)维管柱:除韧皮部外,所有的组织都木化增厚,初生木质部辐射角6-10个以上,为多原型。

4.根的次生结构

取棉花或南瓜老根横切片在显微镜下用低倍镜进行观察,由外向内可区分周皮、次生韧皮部、形成层、次生木质部、射线、初生木质部等结构(图2-7),然后转换高倍镜,仔细观察各部分的细胞结构特点。

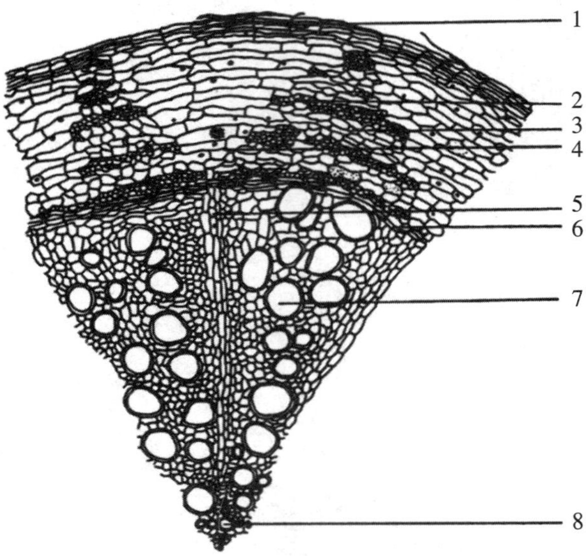

图2-7　棉花老根横切面图(引自周云龙,1993)

1.周皮　2.韧皮纤维　3.韧皮部　4.射线　5.射线　6.形成层　7.次生木质部　8.初生木质部

(1)周皮

位于老根的最外方,为几层扁长形细胞。包括木栓层、木栓形成层和栓内层三部分。木栓层是最外几层细胞排列紧密,壁厚,木栓化的死细胞;其内方有扁长形的薄壁活细胞,核明显,细胞质也较浓,为木栓形成层;栓内层在木栓形成层内侧,为2-3层较大的扁长形薄壁细胞。随着根的增粗,老的周皮会被破坏,而后脱落,但可以在内部再发生,形成新的木栓形成层和周皮,周皮的发生就逐渐由外向内可推进到次生韧皮部,因此有时周皮外方还可见有残留皮层与表皮。

(2)韧皮部

位于周皮之内,形成层之外。由筛管、伴胞、韧皮薄壁细胞和韧皮纤维组成。除韧皮纤维被染成红色外,大部分细胞被染成深浅不同的蓝绿色。横切面上筛管呈多边形,细胞口径较大;伴胞较小,常紧挨筛管侧壁呈四边形或三角形;韧皮薄壁细胞形大,在横切面上与筛管形态相似,常不易区分,但韧皮细胞的细胞质内含淀粉粒;韧皮纤维壁厚,成群分布,常被染成红色。此外,还有许多薄壁细胞在径向方向上排列成行,呈放射状的倒三角形,为韧皮射线。初生韧皮部在栓内层以内,次生韧皮部的外方只含有纤维和薄壁组织,大部分被挤压成破裂状态,一般分辨不清。

(3)形成层

位于次生木质部和次生韧皮部之间,由几层被染成浅绿色的扁长形薄壁细胞组成,形小而排列整齐,称为“形成层带”。实际上形成层只有一层细胞,由于其由内向外的分裂非常迅速,而且刚产生的细胞尚未分化成熟,与形成层细胞很难区分,因此,在横切面上看到的是多层细胞组成的形成层带。

(4)次生木质部

位于形成层以内,在老根横切面中占较大比例,由导管、管胞、木纤维和木薄壁细胞组成。其中细胞口径大,呈圆形或近圆形,细胞壁木质化增厚,被染成红色的死细胞为导管;细胞口径小,细胞壁木质化增厚,也被染成红色,这一类细胞有导管和木纤维,一般也染成红色,其中木纤维细胞壁较管胞更厚;此外,还有许多被染成绿色的活细胞为木薄壁细胞,多分布于导管周围;大部分木薄壁细胞排列整齐,呈径向放射状排列形成木射线。木射线和韧皮射线是相连的,合成维管射线。

(5)初生木质部

位于根的中央部位,次生木质部以内,导管口径较小,外始式排列的四原型初生木质部,四个辐射角距离几乎均等地排列在横切面中央部位。

5.侧根发生的观察

取蚕豆根横切片(示侧根发生)在低倍镜下观察,主根被横切,由外向内可见表皮、表层和维管柱。蚕豆是四原型根,侧根发生于初生木质部辐射角相对的中柱鞘细胞。由于侧根与主根形成一定的角度,因此在切片上看到是侧根的纵剖面,先端染色较深、等径、核较大的一团细胞是侧根生长点,它从中柱鞘开始向主根皮层、表皮伸出,在切片上可见侧根生长点周围的皮层细胞已经破毁。

【实验报告】

(1)绘双子叶植物根的初生结构图,并注明各部分名称。

(2)绘单子叶植物根的结构图,并注明各部分名称。

(3)绘老根次生结构图,并注明各部分名称。

【思考题】

(1)比较单、双子叶植物根初生结构的异同。

(2)根毛和侧根有何不同?它们分别是如何形成的?

实验四

茎的结构

【目的与要求】

（1）了解茎的外形特征和变态类型。

（2）掌握双子叶植物和单子叶植物茎的初生结构。

（3）了解双子叶植物茎的次生结构。

【材料与用品】

银杏、夹竹桃、桑、柿、梨、苹果、柑橘、核桃、桃、柳、女贞、法国梧桐等枝条；地钱配子体；水稻、小麦具分蘖的幼苗；茎的各种变态类型代表植物；花生幼茎横切片、玉米茎横切片、水稻或小麦茎横切片、椴枝茎横切片；香樟木材横断面标本。

解剖镜、显微镜、刀片、解剖针、载玻片、盖玻片。

【内容与方法】

1.茎的基本形态

（1）茎的形态观察

取三年生木本植物枝条（木樨、银杏等）观察其形态特征并辨认：节与节间、长枝和短枝、顶芽与腋芽、叶痕与维管束痕、芽鳞痕、皮孔等。

（2）分枝类型

由于各种植物的顶芽和腋芽活动规律不同，因此产生不同的分枝类型，常见的分枝类型有：

1）单轴分枝：由顶芽不断向上生长而形成一个明显的主轴，侧枝不发达，如松、杉类。

2）合轴分枝：顶芽生长只限于一定的时间，顶芽停止生长、生长缓慢或分化为花芽以后，由位于顶芽下面的侧芽代替顶芽继续发育。每年交替进行，因此主轴是由各级侧枝逐段联合而成，如苹果。

3）假二叉分枝：顶芽停止生长后。由顶芽下面的两个对生的腋芽同时发育成外形相同的侧枝，外形像二叉分枝，实际上是合轴分枝的另一种形式。如茉莉、丁香等。

4）二叉分枝：顶端的分生组织平分成两半，各形成一个分枝，以此方式重复产生次级分枝，从而形成二叉状分枝系统。多见于低等植物，是一种原始的分枝方式，在高等植物中见于苔类的地钱、蕨类植物的石松等。

5)禾本科植物的分蘖:禾本科植物(如小麦、水稻)的幼苗茎节很短而密集于基部,节上产生许多不定根,腋芽发育成分枝,称分蘖。产生分蘖的节称分蘖节。

(3)茎的变态

1)块茎。以马铃薯的块茎为代表材料进行观察,马铃薯的块茎是由植株基部叶腋长出的匍匐茎顶端膨大而成,块茎顶端具顶芽,腋芽生于螺旋状排列的芽眼内,芽眼为节的位置,芽眼下缘有叶脱落后留下的鳞片状痕迹,称芽眉(或眉条)。用刀片将马铃薯块茎横切,在切面上观察,从外至内可见到周皮、皮层、外韧皮部、形成层(不甚明显)、木质部(呈点状排列成一环)、内韧皮部及髓。

2)鳞茎。以洋葱的鳞茎为代表进行纵切观察,可见其基部有扁平的鳞茎盘(为节间缩短的茎),鳞茎盘的节上着生有膜质(外部)和肉质(内部)的鳞叶,中央生有顶芽,叶腋处有腋芽,鳞茎盘下端生有不定根。

3)球茎。以荸荠为代表观察球茎,荸荠球茎由匍匐枝顶端发育而成,短而肥大,顶端有大而明显的顶芽,节和节间明显,节上生有膜质鳞片叶和腋芽。

4)根状茎。观察莲、竹鞭、姜、白茅的根状茎,它们横生于土中,但形状结构与根不同,它们都有明显的节和节间,节上有膜质鳞片叶,叶腋有腋芽,并可产生不定根,顶端有顶芽。

5)茎刺。观察皂角、柑橘等植物的刺,它们常位于叶腋,不易剥落,有时还具分枝,是由腋芽发育而成的。月季、蔷薇茎上的刺,数目很多,分布位置不固定,易剥落,是皮部的突出物,称为皮刺,注意与茎刺区别。

6)茎卷须。观察南瓜、葡萄等植物的卷须,它们是由枝条变态而成,以适应攀援功能。葡萄卷须与叶对生,同花枝位置相当;南瓜的卷须生于叶腋。

7)叶状茎。昙花的叶退化,茎变成扁平状,长期为绿色,代叶行使光合作用,称为叶状茎。

8)肉质茎。仙人球的茎,肉质肥大而多汁,常为绿色,不仅可贮藏水分和养料,还可进行光合作用,称为肉质茎。

2.茎的初生结构

(1)双子叶植物茎的初生结构

取花生幼茎横切片(图2-8)在低倍镜下观察,区分出表皮、皮层、维管柱三部分。然后转换高倍镜自外向内依次仔细观察各部分结构特征。

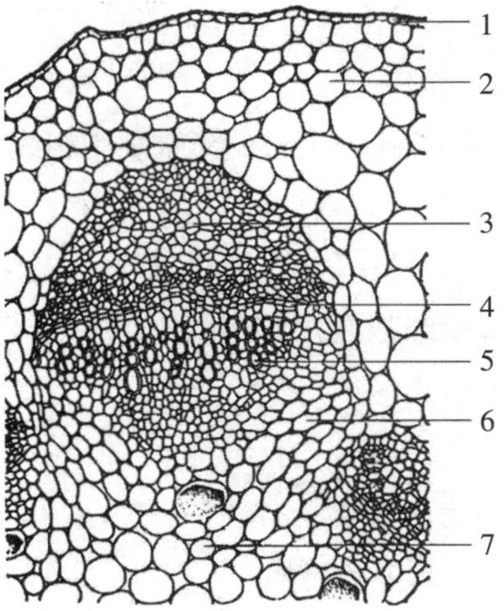

图2-8　花生幼茎横切面图的一部分(示初生结构)

1.表皮　2.皮层　3.初生韧皮部　4.束中形成层　5.初生木质部　6.髓射线　7.髓

1)表皮:位于茎最外的一层细胞,排列紧密,形态规则,细胞外壁较厚,有角质层,属初生保护组织。表皮上还分布有气孔器、表皮毛、腺毛等附属结构。

2)皮层:位于表皮以内维管柱以外的部分。其细胞常有多种分化,紧靠表皮的几层细胞为厚角组织,常含有叶绿体;厚角组织向内是由数层薄壁细胞构成的基本组织,其细胞体积较大,呈圆形或近圆形,排列疏松,有明显细胞间隙;皮层最内一层为内皮层,排列整齐,因含有淀粉粒,故一般称为淀粉鞘。除此以外,有时在皮层内还可见异细胞和分泌组织等。

3)维管柱:皮层以内的部分,较发达,占幼茎横切面较大比例,由维管束、髓射线和髓组成。

①维管束

维管束呈束状,染色较深,在横切面上许多维管束排列成一环。维管束之间为薄壁细胞所分离。移动装片,将一个维管束置视野中央,用高倍镜仔细观察,每个维管束都由初生韧皮部、束中形成层和初生木质部组成。

初生韧皮部包括原生韧皮部和后生韧皮部,其发生过程是外始式。常被染成绿色,包括筛管、伴胞、韧皮薄壁细胞和韧皮纤维。筛管为大型多边形细胞,旁边四边形或三角形细胞为伴胞,韧皮薄壁细胞内常含有淀粉粒。

束中形成层是位于韧皮部和木质部之间的几层排列整齐的扁平形细胞,其细胞壁薄,染色较浅。

初生木质部包括原生木质部和后生木质部,由导管、管胞、木纤维和木薄壁细胞构成。原生木质部靠近茎的中心,导管口径较小,染色较深,发生较早;后生木质部位于外方,导管口径大，染色较浅，发生较晚。因此，可以看出茎初生木质部的发育方式是内始式。

②髓

位于茎的中央，由一些体积较大、排列疏松的薄壁细胞构成。髓部细胞含有丰富后含物，具有一定的贮藏能力。

③髓射线

为位于两个维管束之间的薄壁细胞群，内连髓部，外接皮层，具有横向运输能力并兼具贮存能力。

(2)单子叶植物茎的结构

绝大多数单子叶植物茎中没有形成层，因此只有初生结构。常见有两种类型，以禾本科的玉米和小麦为代表观察单子叶植物茎的结构。

1)玉米茎的结构(图2-9)

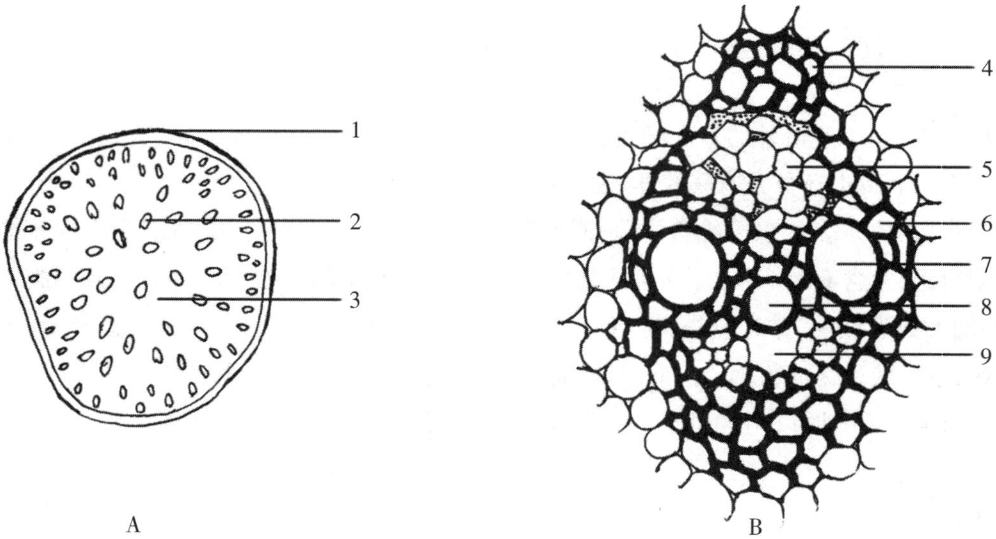

图2-9 玉米茎横切面及一个维管束放大图(引自周仪，1993)

A.玉米茎横切轮廓图； B.玉米茎其中的一个维管束

1.表皮 2.维管束 3.基本组织 4.厚角组织 5.韧皮部 6.维管束鞘 7.后生木质部 8.原生木质部 9.气腔

取玉米茎横切片置低倍镜下观察，由表皮、基本组织、维管束几部分组成。

①表皮

由一层小而排列整齐紧密的细胞组成，横切面呈扁方形，外被角质层，具保护作用。表皮上有气孔器，横切面上可见保卫细胞和副卫细胞。

②基本组织

靠近表皮下有1-3层形状较小、排列紧密的厚壁细胞，它们排列成一个保护环，属基本组织的一部分，有机械支持和保护作用，称机械组织；内部为薄壁细胞，是基本组织的主要部分，细胞较大，排列疏松，有许多维管束散生其中。

③维管束

维管束分散在基本组织中，外方多而小，分布紧密；靠近中央则大而少，分布比较疏松。在高倍镜下观察玉米茎的一个维管束，可见每个维管束的外面由一至数层厚壁细胞构成的维管束鞘所包裹。里面有木质部和韧皮部，没有形成层，为有限维管束。

木质部由3-4个较大的导管组成，在横切面上呈"V"字形排列，"V"字两臂为后生木质部的两个孔纹导管，而原生木质部的1-2个环纹、螺纹导管则在"V"下端。在茎继续伸长过程中，原生木质部导管往往因拉扯而被破坏，成为一个空腔留在维管束中，中间残存着环纹或螺纹次生加厚的壁。

韧皮部位于"V"字形两臂之上，包括最外方的原生韧皮部（多被破坏）和内方的后生韧皮部，由筛管和伴胞组成，排列整齐。

维管束鞘是维管束周围的一圈厚壁组织，大大加强了茎秆的机械支持力量。

2）小麦茎的结构（图2-10）

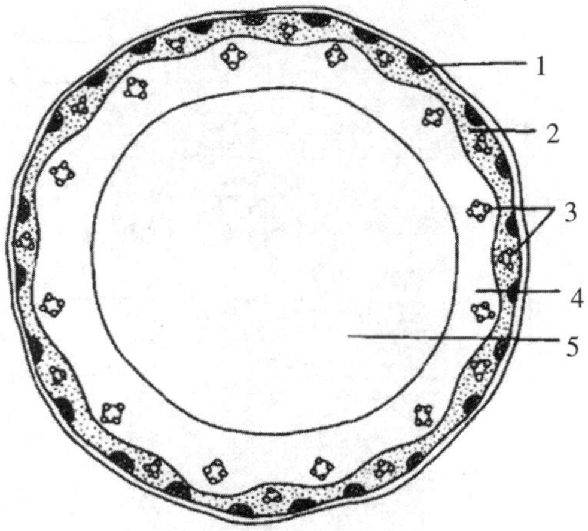

图2-10　小麦茎横切面轮廓图（引自李扬汉，1984）

1.绿色组织　2.机械组织　3.薄壁组织　4.维管束　5.髓腔

取小麦茎的横切片进行观察，与玉米茎的区别主要在于小麦茎的中央有髓腔，维管束在基本组织中排列成内外两环。外环的维管束体积较小，分布于机械组织中，常与含叶绿体的同化组织相间排列。内环的维管束体积较大。维管束的结构与玉米茎的维管束基本相似。

3.茎的次生结构

木本双子叶植物的茎次生生长明显，而草本双子叶植物的茎次生生长不明显。

取椴树茎（3或4年生）横切片（图2-11），置低倍镜下，自外向内依次观察残留的表皮、周皮、皮层、韧皮部、形成层、木质部、髓、射线等几个部分的大体轮廓，后转换高倍镜，仔细观察各部分结构特点。

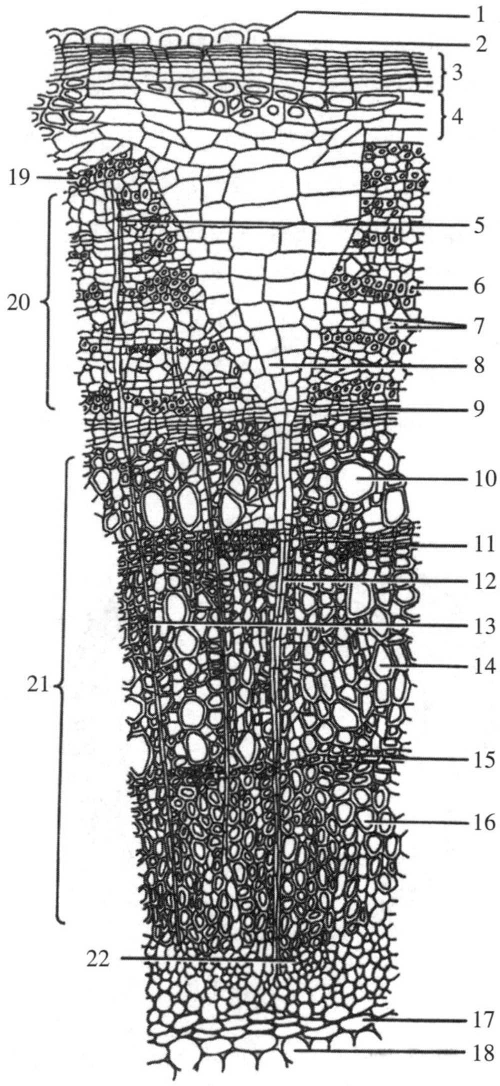

图2-11　椴树茎三年生茎横切面图

1.角质层　2.表皮　3.周皮　4.皮层　5.韧皮射线　6.韧皮纤维　7.筛管和伴胞　8.髓射线扩展区　9.形成层　10.第三年早材　11.第二年晚材　12.髓射线　13.木射线　14.第二年早材　15.第一年晚材　16.第一年早材　17.环髓带　18.髓　19.初生韧皮部　20.次生韧皮部　21.次生木质部　22.初生木质部

(1)表皮

大部分已经脱落,仅有部分残留,表皮外方覆盖有较厚角质层。

(2)周皮

表皮以内的数层扁平细胞,可分为木栓层、木栓形成层和栓内层。表皮脱落后,代替表皮行使保护作用。

①木栓层:由多层排列整齐紧密、扁平的死细胞组成,细胞壁栓化加厚,常被染成褐色或红褐色。

②木栓形成层:位于木栓层内方,只有一层细胞,在横切面上细胞呈扁平形,壁薄,质浓,有时可观察到细胞核。木栓形成层向外分裂形成木栓层,向内分裂形成栓内层。

③栓内层:位于木栓形成层内方的1-2层活细胞,壁薄,常含叶绿体。常与外面的木栓细胞排列成同一整齐的径向行列,区别于皮层薄壁细胞。

(3)皮层

位于周皮之内,维管柱之外,由数层细胞组成,其中靠周皮的是几层厚角组织,排列紧密,向内为排列疏松的皮层薄壁细胞,有些细胞内常含有簇晶体。

(4)韧皮部

位于皮层和形成层之间,细胞排列呈梯形,由染成红色和绿色的细胞群交错排列而成,红色的是韧皮纤维,绿色的是筛管、伴胞和韧皮薄壁细胞。与韧皮部相间排列着的一些薄壁细胞,为髓射线,这些髓射线细胞越靠近外部越多越大,整体呈倒三角形或倒梯形,其底边靠近皮层。初生韧皮部紧接皮层,位于梯形的外方,最外端只剩下韧皮纤维,其余薄壁组织均被挤毁而成残迹。次生韧皮部位于初生韧皮部内方,所占比例较大,次生韧皮部中还有单列径向排列的薄壁细胞称韧皮射线。

(5)维管形成层

位于韧皮部和木质部之间,只有一层细胞,但因其刚分裂出来的细胞还未成熟,所以看上去为几层小而扁平、排列整齐的细胞环带。

(6)木质部

位于形成层以内,几乎全部染成红色,在横切面上所占面积最大,初生木质部在内,围绕着髓,细胞小而排列紧密,只有一小部分;次生木质部在外,占木质部的绝大比例。细胞组成分为导管、管胞、木纤维、木薄壁细胞,次生木质部中还有单列呈辐射状的细胞称木射线。根据细胞的大小和壁的厚薄,可以明显看出年轮界线,判断所观察的制片材料为几年生;再注意区分春材(早材)和秋材(晚材)。

(7)髓

位于茎的最中心。髓部的外围是一些小型的厚壁细胞,排列紧密呈带状,称环髓带;其余部分为大型的薄壁细胞。

(8)射线

包括髓射线和维管射线，皆为薄壁细胞组成，在横切面上呈放射状，起横向运输作用。髓射线是由髓的薄壁细胞辐射向外排列组成，存在于维管束之间，经木质部时是1-2列细胞，至韧皮部时薄壁细胞变多变大，全形似漏斗状。维管射线存在于维管束内，属次生结构，横向贯穿次生韧皮部和次生木质部，位于次生木质部的为木射线，位于次生韧皮部的为韧皮射线，数目不定，长短不一。

【实验报告】

(1)绘双子叶植物茎的初生结构图，并注明各部分的名称。

(2)绘单子叶植物茎的初生结构轮廓图及一个维管束的细胞结构图，并注明各部分的名称。

(3)绘双子叶植物茎的次生结构图，并注明各部分名称。

(4)列表展示茎的变态类型及其代表植物。

【思考题】

(1)比较单、双子叶植物茎的初生结构的异同。

(2)比较根、茎次生结构的异同。

(3)比较双子叶植物根、茎的维管形成层在发生、活动以及形成次生结构的异同。

实验五

叶的结构

【目的与要求】

（1）了解植物叶的常见变态类型及其代表植物。

（2）掌握双子叶植物和单子叶植物叶的结构。

（3）了解植物叶片结构与生态环境相适应的特点。

【材料与用品】

叶的各种变态类型代表植物；棉叶横切片、水稻叶横切片、玉米叶横切片、夹竹桃叶横切片、眼子菜叶横切片。

解剖镜、显微镜、刀片、解剖针、载玻片、盖玻片。

【内容与方法】

1.叶的变态类型的观察

（1）鳞叶

洋葱、玉米鳞茎上，外部着生有干膜质叶片，里面着生有肉质肥厚的叶片，均称鳞片叶，有保护和贮藏之功能。保护鳞芽越冬的芽鳞，也是鳞叶。两者均属叶的变态。

（2）叶刺

观察小檗蜡叶标本，其长枝上的叶变成刺（刺的腋部有芽，有的芽已发育成短枝，短枝上生有正常叶片）这类刺由叶变成。刺槐叶柄基部一对刺，是由托叶变态而成的。

（3）叶卷须

豌豆复叶顶端2~3对小叶片变成卷须，适于攀援生长。

2.双子叶植物叶的结构

双子叶植物的完全叶包括叶片、叶柄和托叶三部分，大多数植物只具有叶片和叶柄，在此仅对叶片观察。

（1）一般双子叶植物叶片的结构

取棉叶横切片（图2-12），首先在低倍镜下区分出表皮、叶肉、叶脉三大部分，然后转换高倍镜，仔细观察每一部分的特点。

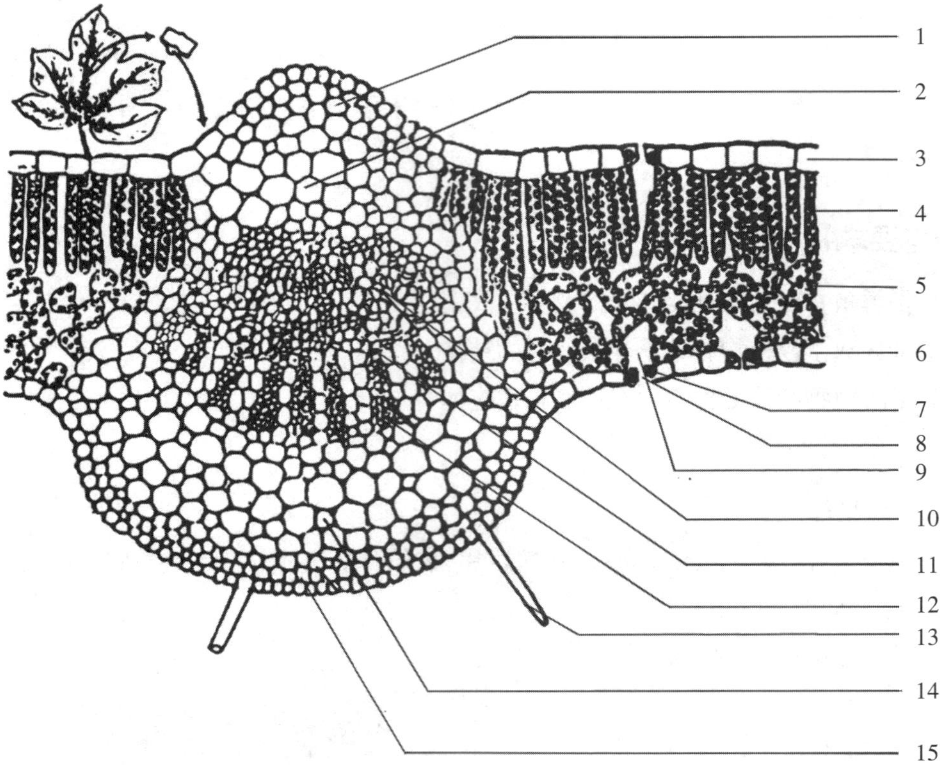

图2-12　棉叶横切面图(引自关雪莲、王丽,2002)

1.厚角组织　2.薄壁组织　3.上表皮　4.栅栏组织　5.海绵组织　6.下表皮　7.保卫细胞　8.气孔
9.空下室　10.木质部　11.形成层　12.韧皮部　13.表皮毛　14.薄壁组织　15.厚角组织

1)表皮

位于叶表面的一层生活细胞,有上下表皮之分。在叶的横切面上,大部分表皮细胞呈长方形,排列紧密,细胞外壁角化,有角质层。在表皮细胞中还可观察到成对的、染色较深的小细胞——保卫细胞,保卫细胞间的缝隙即气孔。有些植物的叶表皮上还可能见到表皮毛和腺毛。比较上下表皮细胞的角化程度和气孔数目是否有差异。

2)叶肉

位于上下表皮之间,有栅栏组织和海绵组织之分,为异面叶。栅栏组织紧接上表皮,细胞呈长柱形,排列整齐而紧密,细胞的长轴与叶表面相垂直,细胞壁薄,含较多的叶绿体,因此生活的叶片上面绿色较浓;栅栏组织与下表皮之间为海绵组织,细胞形状不规则,排列疏松,有较大的细胞间隙,含较少的叶绿体,因此生活的叶片下面绿色较淡。气孔内方常具较大的细胞间隙,称孔下室。叶肉中还有分泌腔。

3)叶脉

叶脉是叶片中的维管组织,大小和分布位置不同,其中主脉明显,凸起在叶片中部。叶片的主脉具有较大的维管束,其近轴面即靠近叶上表皮的一面是维管束的木质部,常被染成红色;其远轴面即靠近下表皮的一面为维管束的韧皮部,常被染成绿色;在木质部和韧皮部之间有几层扁平细胞,为微弱的束中形成层,因其活动有限,所以叶脉没有明显的加粗生长。维管束周围有薄壁组织,其上下还有机械组织与上下表皮相连。

在中、小型的叶脉中一般没有形成层,只有木质部和韧皮部,其外围包裹着薄壁组织构成的维管束鞘。叶脉越细,其结构也越简单,甚至韧皮部消失,木质部也简化成一个管胞。

(2)旱生双子叶植物叶片的结构

以夹竹桃为旱生植物代表,取夹竹桃叶横切片进行观察(图2-13)。

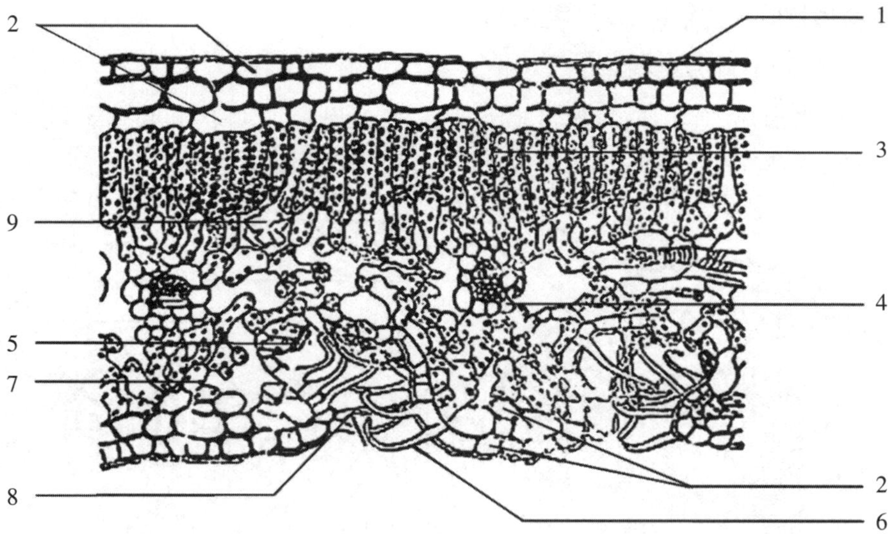

图2-13　夹竹桃叶横切面图(引自杨世杰,2002)

1.角质层　2.表皮　3.栅栏组织　4.叶脉　5.气孔　6.表皮毛　7.海绵组织　8.气孔窝　9.晶体

1)表皮

夹竹桃叶的表皮为3~4层细胞组成的复表皮,细胞排列紧密,靠外的表皮细胞外壁有发达的角质膜。下表皮有一部分细胞内陷形成气孔窝,气孔窝内密生表皮毛,气孔位于下表皮构成的气孔窝内。

2)叶肉

表皮之内是叶肉细胞,靠近上表皮的由多层栅栏组织构成,细胞排列非常紧密,靠近下表皮也有栅栏组织。海绵组织很不发达,位于上下表皮与栅栏组织之间,细胞间隙较小。

3)叶脉

夹竹桃的主脉很大,可观察到夹竹桃的主脉维管束是双韧维管束,并且在主脉上还可观察到形成层细胞。

(3)水生双子叶植物叶片的结构

眼子菜是沉水植物,叶片很薄。取眼子菜叶横切片进行观察。

1)表皮:细胞壁薄,外壁没有角质化,表皮细胞含叶绿体,没有气孔和表皮毛。

2)叶肉:叶肉细胞不发达,只有几层薄壁细胞,没有栅栏组织和海绵组织的分化。细胞间隙很大,并在主脉附近形成气腔。

3)叶脉:很不发达,主脉的木质部较为退化,韧皮部细胞外有一层壁较厚的细胞,其他小脉更为退化。

3.禾本科植物叶片的结构(以小麦或水稻为例)

(1)小麦(或水稻)叶片结构

取小麦(或水稻)叶横切片,置低倍镜下观察,区分出表皮、叶肉和叶脉三部分,再转换高倍镜观察各部分结构特点(图2-14)。

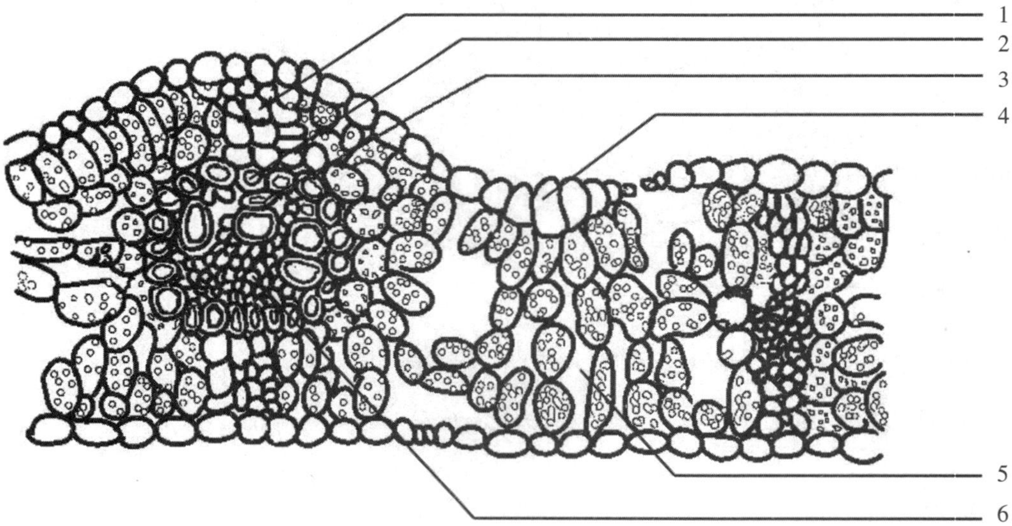

图2-14 小麦叶横切面图的一部分

1.厚壁组织 2.维管束鞘 3.木质部 4.运动细胞 5.叶肉组织 6.韧皮部

1)表皮

表皮细胞排列整齐紧密,近方形,外壁常角化、硅化或栓化,向外形成硅质和栓质的乳头状突起。有上下表皮之分,上表皮由长细胞、短细胞(栓细胞和硅细胞)、气孔器、泡状细胞及表皮毛等组成。长细胞占表皮的绝大部分,短细胞位于维管束相对部位。泡状细胞(运动细胞）位于两个维管束之间，为大型薄壁细胞，在横切面上呈扇形排列，中间的细胞较大，两侧的较小。表皮细胞间还有气孔器，是由两个哑铃型的保卫细胞和两个副卫细胞构成，气孔内方有较大的气孔下室。下表皮组成与上表皮基本相似，但无泡状细胞。

2）叶肉

位于上下表皮之间，无栅栏组织与海绵组织的分化，为等面叶。叶肉是由含叶绿体的薄壁细胞组成，细胞形状不规则，细胞间隙小，细胞壁向内皱折。

3）叶脉

为平行叶脉，主脉明显，向叶片背部突起，在低倍镜下观察水稻叶片主脉是由数个大小不一的维管束和薄壁细胞相间成两行排列，中央由几个大的气腔隔开。

侧脉的结构较简单，通常只含一个维管束。选其中一个大的维管束观察，可见外部是由两层细胞组成的维管束鞘，外层为较大的薄壁细胞，内含叶绿体；内层细胞较小，细胞壁木化加厚，几乎不含叶绿体，此为C3植物叶片的结构特点。维管束的上下方都有机械组织与表皮相连。

（2）玉米叶片结构

取玉米叶横切片（图2-15）观察，与水稻叶片结构基本相似，但有以下区别：侧脉维管束鞘由单层薄壁细胞组成，细胞较大，排列整齐，内含多数较大的叶绿体，外围紧接一圈叶肉细胞，组成"花环型"结构，此为C4植物叶片的结构特点。

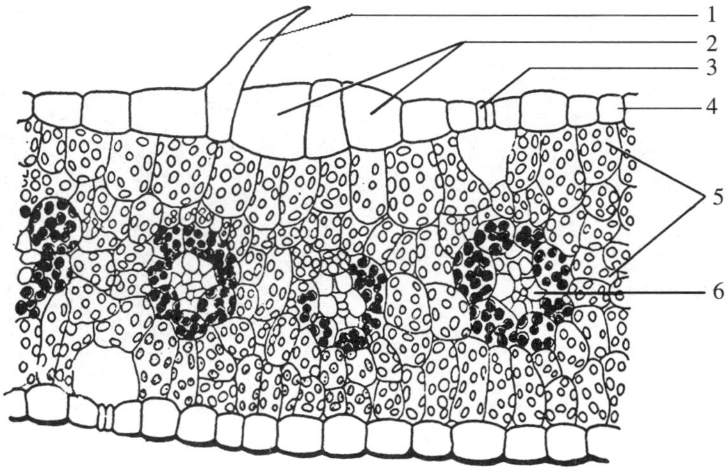

图2-15　玉米叶横切面图的一部分（引自周仪，1993）

1.刺毛　2.泡状细胞　3.保卫细胞　4.表皮　5.叶肉　6.维管束

【实验报告】

(1)绘棉叶横切面结构图,并注明各部分名称。

(2)绘水稻叶或玉米叶横切面结构图,并注明各部分的名称。

(3)列表展示叶的变态类型及其代表植物。

【思考题】

(1)比较单子叶植物和双子叶植物叶片结构的异同。

(2)比较C3植物叶片和C4植物叶片的差异。

(3)从结构上比较说明植物叶是如何适应不同生态环境的。

实验六

花的结构与发育

【目的与要求】

(1)了解花的基本组成和解剖方法。

(2)通过观察百合花药横切片,掌握花药的结构。

(3)通过观察百合子房横切片,掌握子房、胚珠的结构。

【材料与用品】

新鲜花(油菜花、蚕豆花、豌豆花或百合花);百合花药幼期横切片、百合花药成熟期横切片、百合子房横切片。

解剖镜、显微镜、放大镜、解剖针等。

【内容与方法】

1.花的基本组成的观察(图2-16)

取一朵新鲜花观察其基本组成,区分花萼、花冠、雄蕊群、雌蕊群、花梗及花托等组成部分,并判断是完全花还是不完全花。

(1)花萼:位于花的最外层,通常绿色。分辨离萼和合萼。

(2)花冠:位于花萼内侧,常具彩色。区分合瓣花和离瓣花。

(3)雄蕊群:位于花冠内方,分辨花丝与花药。

(4)雌蕊群:位于花的中央,区分柱头、花柱和子房。

(5)花梗:为花着生的小枝。

(6)花托:花梗顶端的部分,花萼、花冠、雄蕊、雌蕊均着生在花托上面。

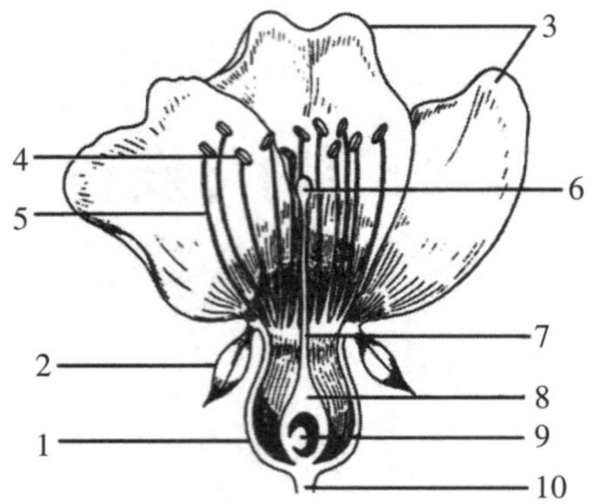

图2-16　桃花的组成部分(引自周仪,1993)

1.花托　2.花萼　3.花冠　4.花药　5.花丝　6.柱头　7.花柱　8.子房　9.胚珠　10.花柄

2.花药结构的观察

(1)百合幼嫩花药的观察

取百合幼期花药横切片(图2-17),首先于低倍镜下区分花粉囊和药隔。全貌似蝴蝶,左右各有一对花粉囊,连接四个花粉囊的中间部分即是药隔。然后转换成中倍镜或高倍镜,详细观察以下内容。

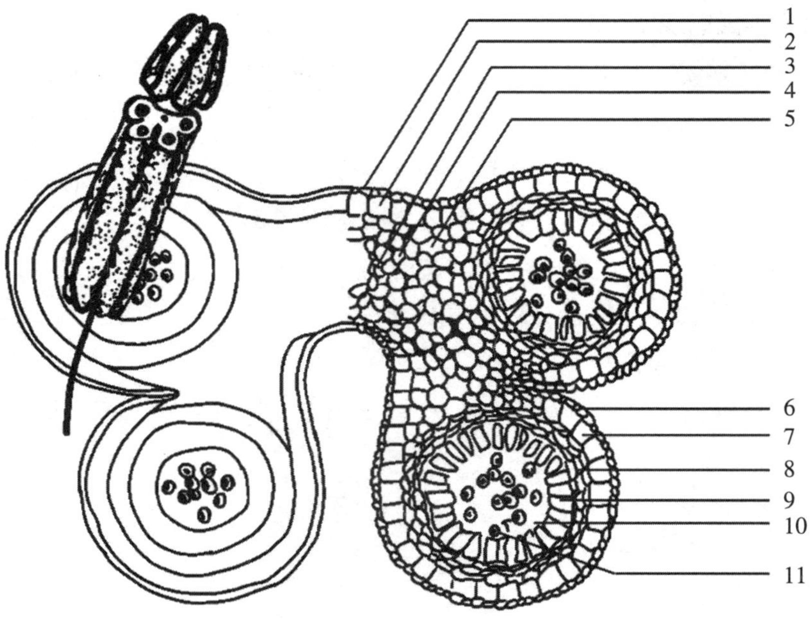

图2-17　百合幼期花药横切面图(引自关雪莲、王丽,2002)

1.表皮　2.纤维层　3.韧皮部　4.木质部　5.薄壁细胞　3-5.药隔　6.表皮　7.药室内壁　8.中层　9.绒毡层　6-9.花粉囊壁　10.药室　11.花粉母细胞

1)药隔:由多数薄壁细胞组成,中间为一团细胞,较小而染色较深的部分是药隔维管束。

2)花粉囊:由药隔分成左右两半,每一半有两个花粉囊,故整个花药有四个花粉囊,内有多数花粉母细胞。

3)花粉囊壁:由几层细胞组成,由外向内有下列四部分。

①表皮:囊壁最外一层细胞,较小,排列紧密,有少数气孔器分布。

②药室内壁:紧贴表皮的一层大型细胞,常含有淀粉粒及其他营养物质。注意观察有无条纹状的次生加厚。

③中层:紧接药室内壁的几层较小的扁平细胞,围绕花粉囊四周,内含淀粉粒等营养物质。

④绒毡层:位于最内层的柱状大型细胞,核大,质浓,排列紧密,每一细胞内常含2个以上细胞核,是花粉发育的营养来源。

4)花粉母细胞:呈多角形,核大,质浓。

(2)百合成熟花药的观察

取百合成熟期花药横切片(图2-18)观察,并与幼期对照,可发现有如下一些变化。

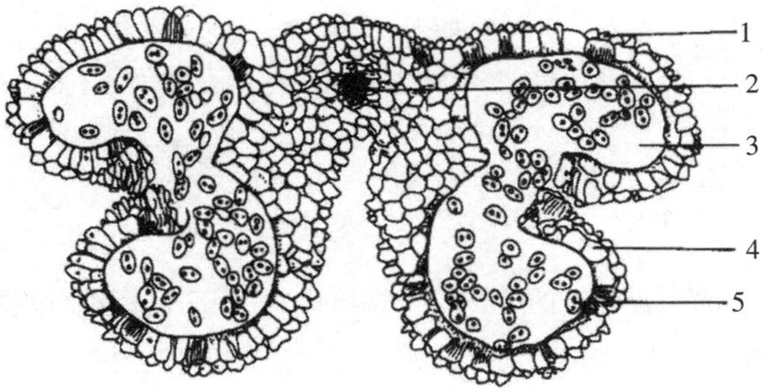

图2-18　百合成熟期花药横切面图(引自周仪,1993)

1.表皮　2.药隔维管束　3.花粉囊　4.纤维层　5.二核花粉粒

1)药室内壁细胞的壁发生不均匀的条状次生增厚,称纤维层。同侧两个花粉囊已相通,其交界处的表皮细胞特化,成为体积较大、细胞质浓、染色深的薄壁细胞,称唇细胞。在纤维层失水收缩产生的机械压力下,相邻花粉囊于交界处会纵向开裂,散出花粉。

2)中层和绒毡层作为花粉粒发育过程中的养料被吸收而消失。也有中层未被完全吸收而保留部分。

3)花粉囊中的花粉粒已发育成熟或接近成熟,形态清晰可辨。在高倍镜观察,可见为二细胞(或二核)花粉粒,其外壁上有网状雕纹和一个萌发孔。也有许多花粉粒只有一个核或无细胞核。

3. 子房及胚珠结构的观察

(1)子房的结构

取百合子房横切片(图2-19A),置于低倍镜下观察大致结构,可见百合子房由3个心皮构成3室,子房壁由薄壁细胞组成,内有若干维管束,其中背束较大,位于每个心皮中部,腹束较小,位于心皮边缘,相邻心皮的腹束紧靠在一起。每个子房室内有两列倒生胚珠,着生于中轴胎座上。

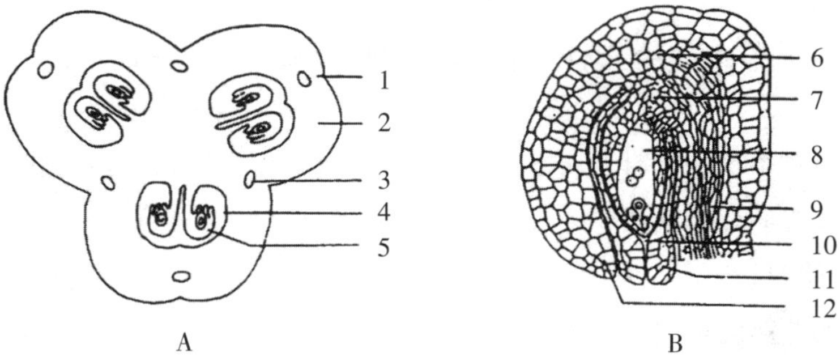

图2-19 百合子房及胚珠结构(引自丘安经,2001)

A. 百合子房横切轮廓图 B. 百合胚珠结构图

1. 背缝线 2. 子房壁 3. 腹缝线 4. 子房室 5. 胚珠 6. 合点 7. 珠心 8. 成熟胚囊 9. 珠柄 10. 珠孔 11. 内珠被 12. 外珠被

(2)胚珠的结构

在百合子房室内,选一较完整的胚珠置于视野中央,用高倍镜进行观察,可见珠柄、珠被、珠孔、合点、珠心、胚囊等结构(图2-19B)。

1)珠柄:着生于中轴上,连接胎座与胚珠。

2)珠被:有内、外两层珠被,但百合胚珠在靠近珠柄一侧往往只有一层珠被。

3)珠孔:珠被包围珠心,在先端留有一小孔,即为珠孔。

4)合点:在珠孔相对一端,为珠被与珠心基部连合的部位。

5)珠心:珠被内方的组织。

6)胚囊:珠心中间的囊状结构。成熟的胚囊较大,有8个细胞核(或7个细胞),其中珠孔端3细胞(中间为卵细胞,两侧为助细胞,共同组成卵器);合点端3个反足细胞;胚囊中间为含次生核的中央细胞。但常因8个细胞核不在一个平面或因所取材料成熟期不同,很难在一张切片同时见到7细胞8核的胚囊结构。

【实验报告】

(1)绘百合花药幼期和成熟期横切面结构图,并注明各部名称。

(2)绘百合子房横切面简图和一个胚珠的结构图,并注明各部分的名称。

【思考】

(1)比较百合未成熟花药与成熟花药结构的差异。

(2)子房、胚珠和胚囊三者之间的关系是怎样的,将来分别可以发育成果实的什么结构?

实验七

果实、种子与幼苗

【目的与要求】

(1)掌握果实的主要类型和结构,正确理解果实的形态学术语。

(2)掌握种子的形态、结构和类型。

(3)了解幼苗的类型。

【材料与用品】

各类新鲜果实或浸制果实,如桃、苹果、梨、番茄、葡萄、黄瓜、西瓜、柑橘、豌豆、油菜、蓖麻、向日葵、玉米、板栗、槭树、胡萝卜、草莓、菠萝、桑葚、莲等植物的果实;蓖麻、蚕豆、小麦;萝卜幼苗、蚕豆幼苗、小麦幼苗;小麦颖果纵切片。

解剖镜、显微镜、放大镜、解剖针、刀片等。

【内容与方法】

1.果实的结构

(1)真果的结构

单纯由子房发育而成的果实,叫作真果。如桃的果实是由1心皮1室单雌蕊上位子房发育而成的真果,其子房壁发育成果皮,胚珠发育成种子。取桃的果实观察纵剖面,可见果皮明显分为外、中、内三层:外果皮薄,有很多柔毛,由子房壁表皮和表皮下的厚角组织发育而成;中果皮由大型的薄壁细胞和维管束形成,肉质多汁,是食用部分,由子房壁中间层细胞发育而成;内果皮坚硬,由子房壁内表面的石细胞木质化而形成坚硬的核,内有一枚种子。

(2)假果的结构

除子房以外,还由花的其他部分(如花托、花萼筒等)参与形成的果实,叫作假果。如苹果的果实是由下位子房、子房壁和花筒合生而成的假果,取一苹果,可见其果柄的另一端有花萼的残存。将苹果横切进行观察,果实由5心皮构成,中轴胎座,每室2枚种子。子房室的革质结构为子房壁发育而成的果皮,果皮以外的肉质食用部分是苹果花筒发育而成的假果皮。

2.果实的类型

果实依发育特点可划分成单果、聚合果、聚花果。

(1)单果

根据果实成熟后果皮的性质(质地),分为肉质果和干果两大类。

1)肉质果。果实成熟后,肉质多汁。

①核果:果实通常由单雌蕊发育而成。果皮可明显地分为三层,外果皮较薄,中果皮肉质,内果皮细胞壁木质化,形成坚硬的核,核内含1枚种子。如桃、李、杏、核桃、川楝等。

②浆果:外果皮薄,中果皮和内果皮肉质化多汁,为食用部分,由一个或几个合生心皮发育而成。如葡萄、番茄、香蕉、柿子等。

③柑果:由合生心皮具中轴胎座的上位子房发育而成。外果皮革质,具油腺,中果皮疏松白色,有许多分枝状维管束;内果皮膜质,向里包围成若干室(橘瓣),室内充满由内果皮向内形成的汁囊。如橙、柚等芸香科柑橘属植物的果实。

④瓠果:由下位子房和花托共同发育而成的假果,如黄瓜、冬瓜、丝瓜、西瓜等葫芦科植物的果实。黄瓜食用部分包括花托、子房壁、胎座等,西瓜食用部分是由胎座膨大肉质化而成。

⑤梨果:由下位子房和花筒共同发育形成的假果,子房五心皮、五室,中轴胎座。肉质食用部分,主要由花筒发育形成。如苹果、梨、枇杷等。

2)干果。果实成熟后,果皮干燥。干果包括很多类,根据其果皮是否开裂分成裂果和闭果两大类。

①裂果类

荚果:由单心皮雌蕊、上位子房发育而成。荚果成熟时沿背缝、腹缝线同时开裂,内有多粒种子,如刺槐、豌豆等;也有不开裂的,如花生、合欢等豆科植物的果实。

角果:由2心皮合生的子房发育而成,中间有隔膜,种子着生于隔膜的两边。成熟时沿腹缝线开裂,种子多数。根据果实长宽比不同又可分为长角果和短角果。如油菜、萝卜(长角果)、荠菜(短角果)等十字花科植物的果实。

蒴果:由两个或两个以上心皮合生的子房发育而成,子房一室或多室,种子多数。成熟时,果实有多种开裂方式,如蝴蝶花(背裂)、海桐(背裂)、复羽叶栾树(背裂)、烟草(腹裂)、芝麻(腹裂)、虞美人(孔裂)、石竹(齿裂)、卷耳(齿裂)、马齿苋(周裂)、车前草(周裂)。

蓇葖果:由单雌蕊发育而成,成熟后可沿背缝线或腹缝线一侧开裂,内含种子多数,如玉兰、梧桐。

②闭果类

瘦果:果实由1~3心皮合生雌蕊发育而成,子房1室,1枚种子。成熟时果皮不开裂,但果皮和种子易分离。如向日葵、金盏菊、荞麦等。

颖果:果皮薄,果皮和种子愈合在一起,不易区分和剥离,只含一粒种子。如小麦、玉米、水稻等禾本科植物的果实。

翅果:子房由2心皮或两个以上心皮合生而成,常1室,一粒种子。果实成熟时,果皮向外延伸呈翅状，有利于随风飘飞。如榔榆、鸡爪槭、元宝槭、臭椿、枫杨等。

坚果：一粒种子，果皮坚硬。如板栗、一串红等。板栗成熟时常附有花序的总苞，特称为壳斗。

双悬果：2心皮的子房发育，未成熟时联合，成熟时两心皮分离成两瓣，并列悬挂在中央果柄的上端，各含一粒种子。如胡萝卜、小茴香等伞形科植物的果实。

(2)聚合果

由一朵花中的许多离生雌蕊发育而成的许多小果，聚生在一个花托上而形成，常见有以下一些类型。

聚合瘦果：如草莓、蛇莓、扬子毛茛、蜡梅等。

聚合核果：如悬钩子属植物。

聚合蓇葖果：如梧桐、花椒、八角、麻叶绣线菊等。

聚合坚果：如莲。

(3)聚花果(复果)

由整个花序发育而成的果实，如桑、黄葛树、无花果、菠萝、悬铃木、枫香树等。

3.种子的类型和结构观察

(1)双子叶有胚乳种子

取一粒浸泡过的蓖麻种子，观察以下内容。

1)种皮：种子最外层坚硬并带有花纹的部分是外种皮，它的下端有一海绵垫状结构叫种阜(由珠孔附近的珠被延生形成)，它遮盖着种孔；在种子较平的一面有一条几乎与种子等长的突起便是种脊。剥去外种皮可见到一层白色薄膜，是内种皮。

2)胚乳：内种皮以内是胚乳，富含油脂和糊粉粒。

3)胚：由胚芽、胚根、胚轴和两片子叶构成。沿种子平行面通过中央把胚乳纵切两半，2片薄而透明具有脉纹的就是子叶，两子叶基部之间近种阜一端有一圆锥状小突起为胚根，胚的另一端夹在两子叶之间的小突起即为胚芽，二者与极短的胚轴相连。剥去种皮，也可做一个垂直于子叶的纵切面切片，就可以更清楚了解其胚的结构。

(2)双子叶无胚乳种子

取一粒浸泡过的蚕豆种子，观察以下内容：

1)种皮：种子最外层黄绿色或褐黄色的一层皮即是种皮；其宽端有一条黑色眉状疤痕叫种脐(它是种子与果实脱离后遗留下的痕迹)；用手轻轻挤压，可见一端有水溢出，这便是种孔(即原来的珠孔)之所在；在种脐另一端稍稍隆起处叫种脊。

2)胚：由胚芽、胚根、胚轴和两片子叶构成。两片乳白色肥大的豆瓣就是子叶，小心用解剖针拨开子叶，用放大镜进行观察，子叶着生位置为胚轴，胚轴上方为胚芽(由两片很小的幼叶和胚芽生长点组成)，与胚芽相对应端为圆锥状的胚根。

同时观察大豆、花生种子，注意它们与蚕豆种子结构的相同点和区别之处。

（3）单子叶有胚乳种子

取浸泡过的小麦籽粒进行观察，籽粒椭圆形，麦粒有背腹面之分，腹面有凹沟称腹沟，腹沟的顶端有一丛较细的单细胞表皮毛，即果毛；背面基部有一近椭圆形稍凹陷的部分是胚，其余部分是胚乳。

另取小麦颖果纵切装片（图2-20），在显微镜下观察：

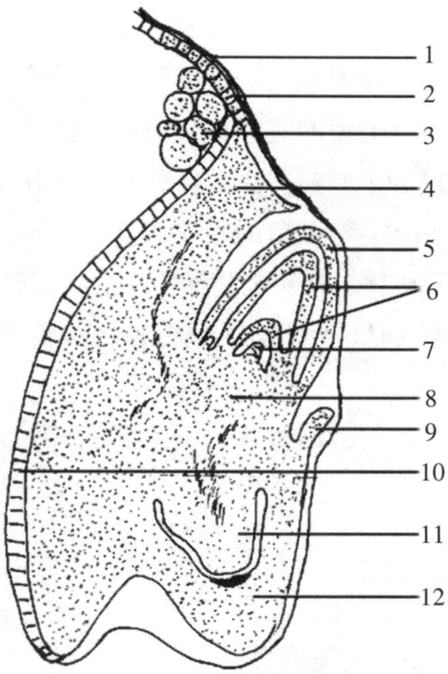

图2-20　小麦颖果纵切面图（示胚的结构）（引自李扬汉，1984）

1.果皮与种皮　2.糊粉层　3.胚乳细胞　4.盾片　5.胚芽鞘　6.幼叶　7.生长点　8.胚轴　9.外子叶　10.上皮细胞　11.胚根　12.胚根鞘

1）种皮与果皮：最外方的一层皮，外为果皮，内为种皮，但二者愈合生长不能分开，特称为颖果。

2）胚乳：由糊粉层和淀粉质胚乳组成。紧贴种皮、排列整齐的一层细胞是糊粉层，贮藏的是蛋白质和脂肪等营养物质；糊粉层的内侧是富含淀粉的胚乳细胞。

3）胚：由胚芽、胚根、胚轴和子叶四部分构成。胚芽位于胚的上方，由幼叶、生长点和胚芽鞘构成；胚根位于胚的下端，外面包有胚根鞘；子叶1片，位于与胚乳交界处，形如盾状，特称盾片，盾片与胚乳交界处有一层排列紧密的细胞称上皮细胞，有分泌酶类水解胚乳的营养物质，并将其吸收、转移到胚的生长部位的作用；胚轴是连接胚芽、胚根的部分。与盾片相对、位于胚的外侧还有一小型突起称外胚叶。

4.幼苗类型观察

(1)萝卜幼苗(子叶出土幼苗)

观察萝卜的幼苗,下部为主根与侧根组成的直根系,上部有两片近心形、绿色的部分是子叶,子叶着生处到第一侧根之间为下胚轴,子叶着生处到第一片真叶之间为上胚轴。注意观察上、下胚轴的比例。

该类型也可观察油菜、棉花、大豆、瓜类等的幼苗。

(2)蚕豆幼苗(子叶留土幼苗)

观察蚕豆幼苗,下部为主根与侧根组成的直根系,子叶仍然包于残存的种皮内位于地下,上部有发育正常的鳞片状的两种类型的真叶,子叶着生处到第一片鳞片状真叶之间为上胚轴,子叶着生处到第一侧根之间为下胚轴。注意观察上、下胚轴的比例。

观察玉米幼苗,玉米粒内是盾片和残留的胚乳,其下有一条主根,与胚轴上长出的许多不定根共同组成须根系。茎的下端有一鞘状包茎无叶片的胚芽鞘,其着生处称胚芽鞘节;它的上方是几片真叶。玉米种子萌发时,主要是中胚轴(指胚芽鞘节至盾片节之间的部分)伸长,将胚芽顶出土面。

小麦、水稻种子萌发时,主要是上胚轴(胚芽鞘节至第一片真叶节之间的部分)伸长,将胚芽顶出土面。

【实验报告】

(1)自制表格,列举果实类型及代表植物。

(2)绘蓖麻、蚕豆种子结构图,并注明各部分的名称。

(3)绘小麦颖果纵切图,并注明各部分的名称。

(4)绘萝卜和蚕豆幼苗图。

【思考题】

(1)比较不同果实的果皮结构,思考果皮对植物适应陆生生活的意义。

(2)比较单果、聚合果、聚花果在结构上有何不同。

(3)思考果实与种子的形态、结构特征对适应生长环境的意义。

实验八

藻类与菌类植物

【目的与要求】

（1）通过藻类与菌类代表植物的观察，了解常见藻类植物和菌类植物的形态与结构特点，进而了解它们在植物界进化过程中所处的地位。

（2）了解各类群代表植物的特征，并认识一定的藻类和菌类植物。

（3）理解造成赤潮的原因，冬虫夏草的形成机理等，能运用所学藻类、菌类的知识，开展植物科学利用的讨论。

【材料与用品】

颤藻、地耳（观察念珠藻）、满江红（观察鱼腥藻）、水绵、轮藻、海带等新鲜材料或浸制标本，轮藻长短枝装片、水绵接合生殖装片、盘菌切片、伞菌切片、黑根霉装片、青霉装片、曲霉装片等。

解剖镜、显微镜、刀片、解剖针、载玻片、盖玻片。

【内容与方法】

1.藻类代表植物的观察

（1）颤藻属（*Oscillatoria*）

颤藻属为蓝藻门植物，隶属于颤藻目颤藻科。广泛分布于污水沟和湿地上，一年四季均可见。温暖季节生长旺盛，常成片生长于富有机质的潮湿处，呈黏滑的蓝黑色膜状物。镊子取少许颤藻制成临时装片，置于显微镜下观察，可见其藻体是由单列细胞组成的丝状体，由于丝状体能前后伸缩或左右摆动，故名颤藻。然后在高倍镜下仔细观察以下内容。

①营养细胞：圆盘形，注意有无载色体和细胞核。

②死细胞：双凹形，中空而无生活的原生质。

③隔离盘：也为双凹形，但为活细胞。

④藻殖段：两个死细胞或两个隔离盘之间的一段藻体，由它营养繁殖形成新个体。

（2）念珠藻属（*Nostoc*）（图2-21）

念珠藻属为蓝藻门植物，隶属于颤藻目念珠藻科。该属藻类常生于水中、潮湿土壤或石面上，是一种不同大小的胶质球或木耳状的胶质片。供食用的发菜和地木耳都属于该属植物。发菜为名贵干菜,群体外观为头发状的胶质丝。地木耳生长于山溪边潮湿的土壤上,夏季雨后较多,为不规则的木耳状胶质片。

取地耳一小片压碎制成临时装片,在显微镜下观察,其藻体由单列细胞组成的念珠状的丝状体,无规则地包围在发达的公共胶质鞘内。然后在高倍镜下仔细观察以下内容。

①营养细胞:圆球形,细胞小,无细胞核及载色体。

②异形胞:位于丝状体中部或两端,细胞大,细胞壁厚,不含色素。

③厚壁孢子:细胞壁厚,较营养细胞大,以度过不良环境。

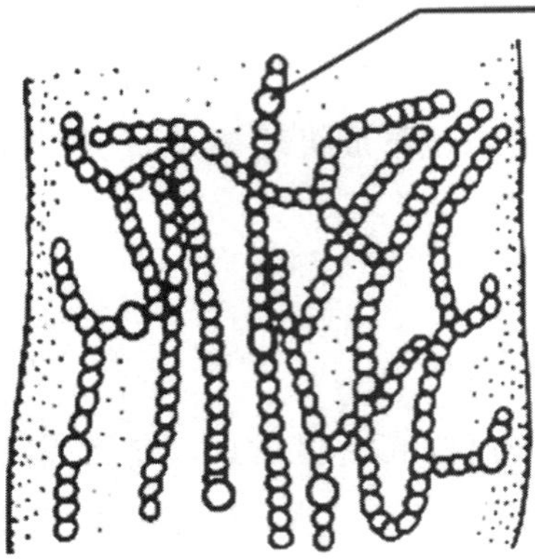

图 2-21　念珠藻(引自陈阅增,2001)

(3)鱼腥藻属(*Anabeana*)

鱼腥藻属也隶属于蓝藻门念珠藻科,细胞圆形,连接成直的或弯曲的丝状体,单一或聚集成团,无公共胶质鞘。鱼腥藻属绝大多数是淡水植物,生长在水中或湿地上,本属多数是浮游藻,另外有极少数的种类生活于组织间隙,营共生作用,例如在满江红(又称红萍)的叶腔中生长有鱼腥藻,形成共生现象。鱼腥藻属植物常与同色微囊藻一起形成水华。

取满江红叶于载玻片中央,加一滴水,将叶片捣碎,除去残渣制成临时装片,在显微镜下观察,藻体也是一串念珠状的丝状体,但无公共胶质鞘。体积小,颜色较深的球形细胞是营养细胞;体积较大,细胞壁较厚的是异形胞,能固氮;体积特大,细胞壁较厚的是厚壁孢子。

(4)水绵属(*Spirogyra*)

水绵属为绿藻门植物,隶属于双星藻目双星藻科。广布于池塘、沟渠、稻田中,常成团生于水底或漂浮水面上,碧绿色,手触有滑腻感。

1)藻体形态与细胞结构(图 2-22)

用解剖针挑取水绵丝状体数条,制成临时装片,置低倍镜下观察,可见水绵是由一列长筒形细胞组成的不分枝的丝状体,后在高倍镜下详细观察以下内容。

①细胞壁:两层,内层由纤维素构成,外层富含果胶质,故触摸有滑腻感。

②载色体：一至多条螺旋带状，其上有多数纵列的蛋白核。

③细胞核：一个，位于细胞中央，核周围的原生质与细胞腔周围原生质之间有原生质丝相连，但通常被载色体遮盖。

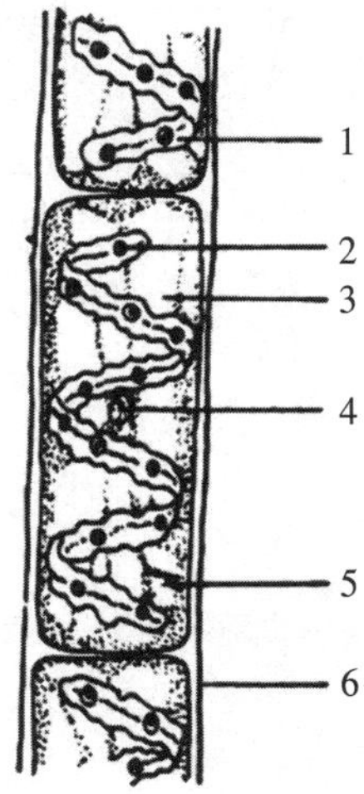

图2-22　水绵结构图（引自何凤仙，2000）

1.载色体　2.蛋白核　3.液泡　4.细胞核　5.细胞质　6.细胞壁

2）有性生殖（图2-23）

水绵的有性生殖称为接合生殖，多在春秋季节发生，此时藻体由绿色变为黄绿色。用镊子取几条有接合生殖的水绵制成水封片，置于显微镜下观察接合生殖的各个时期，或取水绵接合生殖装片进行观察。水绵在进行接合生殖时两条丝状体并列，相对的细胞壁产生突起，两相对细胞的突起相接，横壁溶解形成接合管，各形成一个配子；同时，两相对细胞的原生质体浓缩，一条丝状体中的每个细胞（雄配子囊）内的配子以变形式的运动，通过接合管流入另一个丝状体的细胞（雌配子囊）中；最后一条丝状体的细胞内全部形成合子，而另一条丝状体的细胞全部为空壁。这种接合生殖的方式特称为梯状结合。

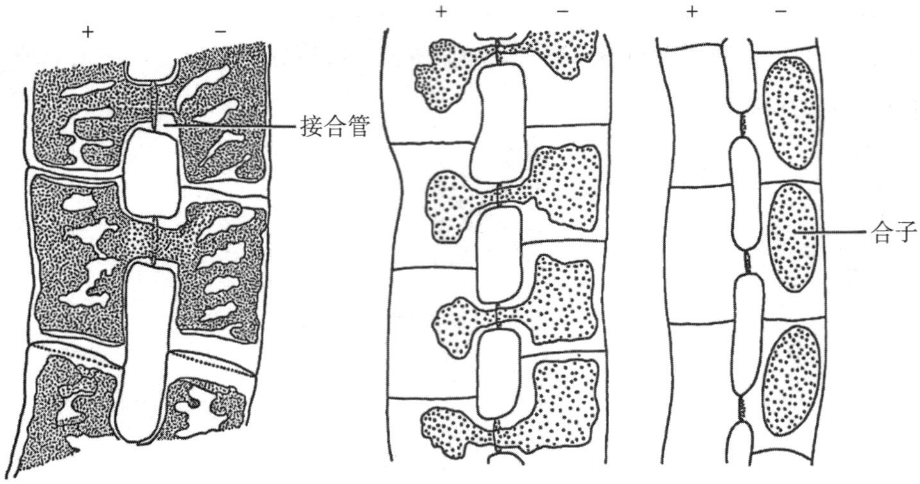

图2-23　水绵属接合生殖结构图(引自王幼芳等,2014)

(5)轮藻属(*Chara*)(图2-24)

轮藻属为轮藻门植物,隶属于轮藻目轮藻科。

取轮藻的新鲜材料或浸制材料观察:植物体直立,基部有假根伸入泥土中,上部具直立的主枝,有节与节间分化,节的四周又有一轮侧枝,也有节与节间。在侧枝上又再分枝称之"叶"。然后取一小枝制成临时装片或取永久装片,在显微镜下观察以下内容。

①卵囊:位于枝节腋内(上方),长卵形,内含一个卵细胞,外围有五个螺旋状的管细胞,每个管细胞上有一个小的冠细胞,五个冠细胞在卵囊上组成冠。

②精子囊:生于枝的外侧(下方),圆形,橘红色,外围有八个三角形的盾细胞,内具多条单列细胞的精囊丝,精囊丝每个细胞内含一个精子。

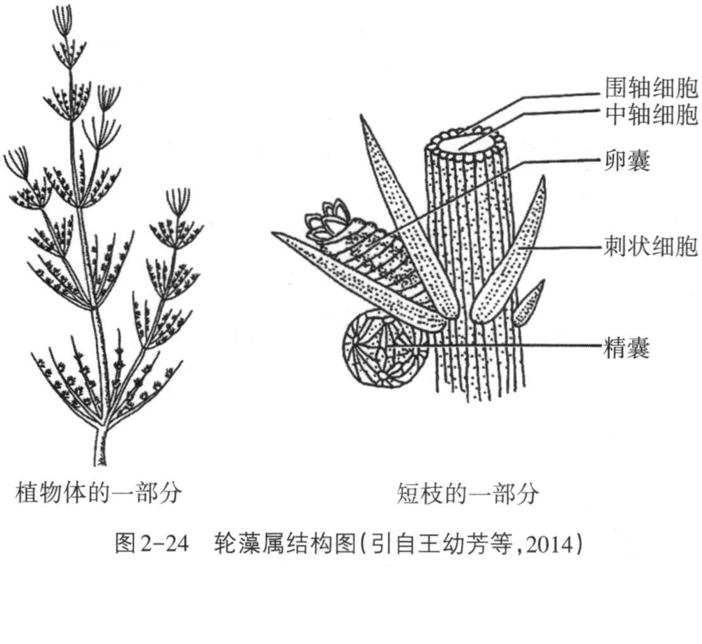

图2-24　轮藻属结构图(引自王幼芳等,2014)

(6)海带属(*Laminaria*)

海带属为褐藻门植物,隶属于海带目海带科。取浸制或干制的海带进行观察,常见的即其孢子体,分成三个部分,下部是分枝根状的固着器,中间是圆柱形的或扁柱状的带柄,上部是片状的带片,长达2~3 m。成熟的带片两侧有很多成簇的游动孢子囊,产生许多单倍的侧生双鞭毛的同型游动孢子,再分别萌发成简单的丝状雌配子体和雄配子体,卵式生殖,由合子发育成新的海带孢子体。故具有明显的异型世代交替生活史。

2.菌类代表植物的观察

(1)根霉属(*Rhizopus*)(图2-25)

根霉属广泛分布于酒曲、植物残体、腐败有机物、动物粪便和土壤中,在工业中应用广泛。根霉属中比较常见的有匍枝根霉(旧称黑根霉),取少许培养的匍枝根霉菌丝体制成临时装片,置显微镜下由低倍至高倍观察,可见其菌丝是白色分枝的无隔的、多核的丝状体,主枝匍匐叫匍匐枝,向下深入基质中的叫假根,向上丛生直立的叫孢子囊梗,其顶端膨大称囊轴,外方形成孢子囊,内有许多孢囊孢子,成熟时呈黑色。

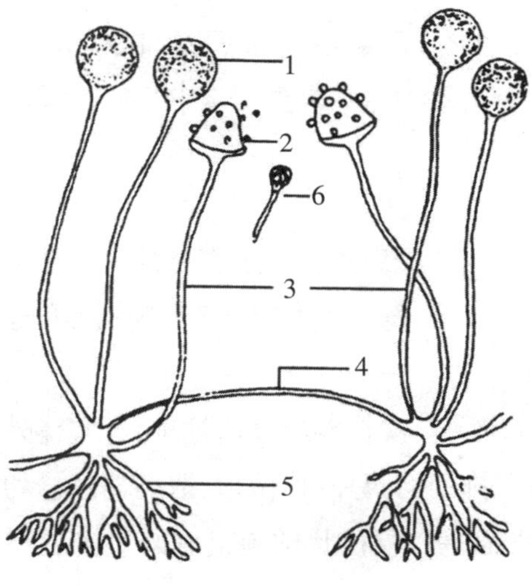

图2-25　匍枝根霉形态示意图(引自李景原,2007)

1.孢子囊　2.孢囊孢子　3.孢囊梗　4.匍匐菌丝　5.假根　6.孢子萌发

(2)青霉属(*Penicillium*)(图2-26)

青霉属分布广泛,几乎可在含有有机质的任何基质中存在,常引起食物、皮革或其他有机品的霉变。从橘皮上挑取少许培养的橘青霉菌丝体制成临时装片,或直接取青霉装片,于显微镜下观察,可见许多有隔的菌丝分布于基质表面,在表层直立的叫分生孢子梗,梗的先端分枝数次,呈扫帚状,最后的分枝叫小梗,生小梗的枝叫梗基,小梗上有一串呈青绿色的分生孢子。成熟后,随风落入基质萌发成新的菌丝。

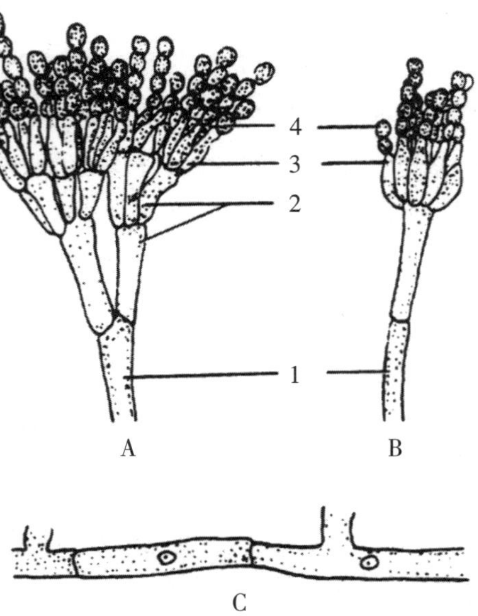

图2-26　青霉形态示意图(引自王英典、刘宁,2001)

A.分生孢子梗具梗基　B.分生孢子梗　C.菌丝

1.分生孢子梗　2.梗基　3.小梗　4.分生孢子

(3)盘菌属(*Peziza*)

盘菌属的子实体为盘状或碗状。观察盘菌子实体的纵切片,子囊盘表层是由一层平行排列的棒状子囊和侧丝构成的子实层,每个子囊内含8个椭圆形的子囊孢子。

(4)伞菌属(*Agaricus*)(图2-27)

伞菌属又称蘑菇属,观察伞菌新鲜材料或浸制标本,子实体外形如伞状,由菌盖和菌柄构成。在菌盖下面有许多辐射状排列的薄片,称菌褶;取菌褶的横切片在显微镜高倍镜下观察,可见其由三部分组成:两侧表面是一层棒状细胞组成的子实层,其下方是等直径细胞组成的子实层基,最里面中间部分是由长管形细胞组成的菌髓,这些细胞的长轴与子实层平行排列。子实层由担子和侧丝组成的,在担子顶端有四个小柄叫担子梗,每一个担子梗上着生一个担孢子,担孢子成熟后脱落,在适宜的环境中又萌发成新的菌丝体。

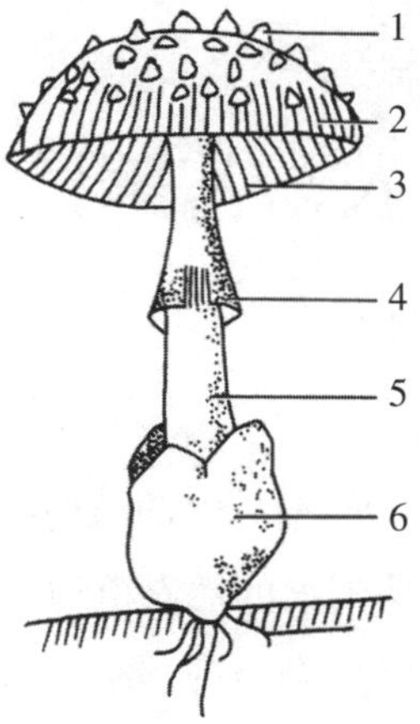

图2-27　伞菌形态结构示意图

1.鳞片　2.菌盖　3.菌褶　4.菌环　5.菌柄　6.菌托

【实验报告】

(1)绘颤藻丝状体详图,示营养细胞、死细胞及隔离盘。

(2)绘念珠藻或鱼腥藻丝状体详图,示营养细胞、异形胞及厚壁孢子。

(3)绘水绵丝状体详图,示其细胞各部分名称。

(4)绘轮藻小枝形态构造图,示节、节间、轮生枝、卵囊及精子囊。

(5)绘黑根霉菌丝体的一部分,示假根、匍匐枝、孢子囊梗、囊轴、孢子囊及孢子。

(6)绘青霉菌丝体,示其各部分名称。

(7)绘伞菌子实体及其菌褶切面一部分,示其各个组成部分。

(8)绘盘菌子实层结构图,并示其各部分名称。

【思考题】

(1)比较绿藻门和轮藻门的异同,解释把轮藻从绿藻门中独立为门的原因。

(2)结合生活实际,试述真菌与人类的关系。

实验九

地衣与苔藓植物

【目的与要求】

（1）通过观察地衣代表植物的外部形态与内部结构特点，掌握地衣植物的主要特征，理解它们在植物界的系统地位，能识别一些常见的地衣植物。

（2）通过观察苔藓代表植物的外部形态与内部结构特点，掌握苔藓植物的主要特征，理解它们在植物界的系统地位，能识别一些常见的苔藓植物。

（3）比较苔纲和藓纲植物的主要区别，掌握精子器与颈卵器的结构。

【材料与用品】

地衣类干标本、壳状地衣切片、叶状地衣切片、枝状地衣切片；地钱、葫芦藓、石地钱、大金发藓等新鲜材料，地钱雌器托切片、地钱雄器托切片、葫芦藓精子器切片、葫芦藓颈卵器切片、地钱孢子体纵切片等。

解剖镜、显微镜、刀片、解剖针、载玻片、盖玻片。

【内容与方法】

1.地衣代表植物的观察

地衣是由藻类和真菌共生在一起所形成的一类特殊的植物类群，分布广泛，常生于岩石、树皮、林地及沙地上。

（1）外部形态

取不同类别的地衣标本，观察地衣的形态，通常可分为三种类型。

①壳状地衣：地衣体为多种多样的壳状物，菌丝与基质紧密相连接，很难从基质上剥离，如文字衣属、茶渍衣属。

②叶状地衣：地衣体扁平，呈叶状，有背腹之分，腹面有假根或脐附着于基质上，很容易从基质上剥离，如扇衣属、梅衣属。

③枝状地衣：地衣体呈树枝状或分枝丝状，直立或下垂，仅基部着生于基质上，如松萝属、石蕊属。

（2）解剖结构（图2-28）

根据藻细胞在真菌组织中的分布状态，地衣可分为两类：异层地衣和同层地衣。

①异层地衣

异层地衣在横切面上通常可分为上皮层、藻胞层、髓层和下皮层4部分。上下皮层是由致密交织的菌丝构成。藻胞层在上皮层之下，由藻细胞聚集在一起形成。髓层介于藻胞层和下皮层之间，由一些疏松的菌丝和藻细胞构成。在下皮层上常产生一些假根状突起，使地衣固着在基质上。如蜈蚣衣属（*Physcia*），梅衣属（*Parmelia*）。

②同层地衣

同层地衣在横切面上一般可分为上皮层、髓层和下皮层3部分。藻细胞在髓层中均匀分布，没有藻胞层。如猫耳衣属（*Leptogium*）。

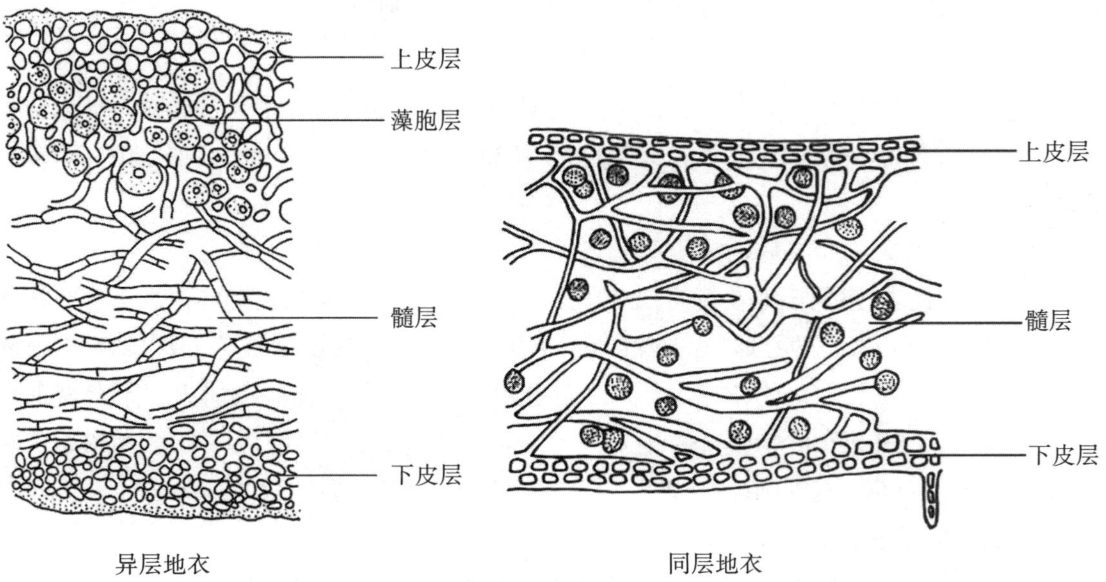

图2-28　地衣的解剖结构

2.苔藓代表植物的观察

(1)地钱（*Marchantia polymorpha*）

苔纲植物代表，隶属于地钱目，地钱科。分布很广，喜生于潮湿的林地、墙角、水沟边等处。

1)外部形态观察

取新鲜材料观察，所见绿色植物体是配子体，扁平、叶片状，多回二叉分枝，先端凹入处为生长点。背面表皮上有许多烟囱状突起是通气孔。腹面下表皮上有紫褐色的鳞片和假根。地钱为雌雄异株，注意区分雌、雄配子体。雌配子上的雌托的托柄较长，托盘伞形，下垂9-11条指状芒线，两芒线之间着生倒悬的颈卵器；雄配子体的雄托的托柄较短，托盘圆盘状，波状浅裂成7-8瓣，其内有许多精子器。

2)营养繁殖

叶状体背面前端着生有绿色杯状的胞芽杯,杯中有胞芽,成熟时脱落萌发成新的植株。在解剖镜下挑取胞芽杯内的胞芽,观察胞芽的外形、柄细胞、胞芽两侧的顶端细胞和生长点。

3)有性生殖器官

取地钱雄器托与雌器托纵切片在显微镜下观察精子器和颈卵器。

①精子器:精子器以短柄着生于雄托上特殊的生殖器腔中,腔顶有一狭沟,开口于托盘表面,精子器呈卵形或椭圆形,其内产生多数具2条卷曲鞭毛的精子。

②颈卵器:颈卵器位于芒线之间排成一列,每个颈卵器分颈部、腹部和短柄。膨大的腹部有一卵细胞,其上方有一腹沟细胞,狭长的颈部有一列颈沟细胞。

4)孢子体

取地钱孢子体纵切片在显微镜下观察,可见位于颈卵器内的合子萌发成胚而形成孢子体,结构简单,营寄生生活,孢子体仅有基足、蒴柄和孢蒴(孢子囊)三部分。孢蒴内有孢子和弹丝。

(2)石地钱(*Reboulia hemisphaerica*)

苔纲植物代表,隶属于地钱目,石地钱科。石地钱喜生于干燥的崖壁和土坡上。叶状体扁平带状,二歧分叉,先端心形,背部深绿色,革质状,无光泽;腹面紫红色,沿中轴生多数假根。鳞片呈覆瓦状排列,两侧各有一列,紫红色。雌雄同株。雄托无柄,贴生于叶状体背面中部,呈圆盘状。雌托生于叶状体顶端,托柄长1-2cm,托盘半球形,绿色,4-5瓣裂,每瓣腹面有2片无色透明的总苞。孢蒴圆球形,黑色,成熟后自顶部1/3处盖裂。

(3)葫芦藓(*Funaria hygrometrica*)

藓纲植物代表,隶属于葫芦藓目,葫芦藓科。常生长于有机质丰富含氮肥较多的湿土上,尤其是深林火烧迹地或林间阴湿地区。

1)外部形态

取葫芦藓配子体观察,为直立生长的茎叶体,黄绿色,小形。茎短小,长1-3cm,单一或稀疏分枝,基部生有假根。叶长舌形,全缘,有一中肋,密集簇生于茎顶。雌雄同株异枝。雄器苞在雄枝顶的苞叶较大而外张,形似一朵小花,内含许多精子器和隔丝。雌器苞在雌枝顶的苞叶较窄而互相向中央包紧,形如一个顶芽,其中有数个直立的颈卵器。

再取葫芦藓配子体上寄生的孢子体观察,也分基足、蒴柄和孢蒴三部分。蒴柄细长、紫红色,上部弯曲;孢蒴梨形,多垂倾,下部有明显的蒴台,上部有微凸的蒴盖,内方有两层蒴齿能行干湿性伸缩运动把孢子弹出体外。孢蒴顶端是具长喙的蒴帽,是孢蒴伸出颈卵器之外而被撕裂的颈卵器的残余。

2)有性生殖器官

①精子器:取葫芦藓精子器切片于显微镜下观察,可见其雄器胞内有多个棒状的精子器

和多细胞的隔丝，精子器内许多小孢子母细胞或已发育成成熟的精子。

②颈卵器：取葫芦藓颈卵器切片于显微镜下观察，可见其雌器苞顶端有数个瓶状的颈卵器，颈部细长，壁由一层细胞构成；腹部膨大，壁由多层细胞构成，内有一个卵细胞。

3)孢子体

取葫芦藓孢子体纵切片于显微镜下观察，可见孢蒴分为蒴盖、蒴壶和蒴台三部分。蒴壶构造复杂，包括表皮、蒴壁、气室、营养丝、蒴轴和孢子等结构。蒴台则由疏松的薄壁细胞组成。

4)原丝体

取葫芦藓原丝体装片在显微镜下观察，可见由孢子萌发成的分枝丝状体，为绿色，具假根和几个芽体（芽胞），每个芽体都能形成一个新植物体。在新植物体不同的枝上又可形成雌雄生殖器官，进行有性生殖。

（4）大金发藓（*Polytrichum commune*）

藓纲植物代表，隶属于金发藓目，金发藓科。喜生于阴湿的酸性土上，常丛集成大片的群落。取一株新鲜标本观察，植株粗壮，高达10~30cm，深绿色。茎直立，单一，常扭曲。叶丛生上部，向下渐稀疏而小，基有叶鳞片状，上部叶片基部呈鞘状，前方呈长披针形，叶尖卷曲，中肋突出叶尖呈刺状，叶边有锐锯齿。雌雄异株。蒴柄长，棕红色。孢蒴呈四棱短方柱形。全株供药用，有败毒止血作用。

【实验报告】

（1）绘同层地衣和异层地衣横切面结构图，示各部分名称。

（2）绘地钱叶状体外形图，示胞芽杯、假根、雌器托或雄器托各部分名称。

（3）绘地钱雌器托与雄器托纵剖面的内部构造图，示各部分名称。

（4）绘葫芦藓的外形图，示配子体与孢子体各部分名称。

（5）给葫芦藓雌器苞与雄器苞纵剖面的内部构造图，示各部分名称。

【思考题】

（1）比较同层地衣和异层地衣的区别。

（2）比较苔纲和藓纲的区别。

（3）为什么说苔藓植物是植物界从水生向陆生的过渡类型？

实验十

蕨类与裸子植物

【目的与要求】

(1)通过对蕨类代表植物的观察,掌握蕨类植物的主要特征,理解它们在植物界的系统地位。

(2)通过对裸子代表植物的观察,掌握裸子植物的主要特征,理解它们在植物界的系统地位。

(3)能识别一些常见的蕨类植物和裸子植物。

【材料与用品】

松叶蕨、垂穗石松、翠云草、问荆、瓶尔小草、海金沙、芒萁、乌蕨、狗脊、贯众、瓦韦、石韦、槲蕨、四叶萍、槐叶萍、满江红等新鲜材料或干标本;蕨类原叶体切片;石松孢子叶穗纵切片;苏铁、银杏、雪松、马尾松、杉木、柳杉、水杉、侧柏、柏木、塔柏、南方红豆杉、罗汉松等新鲜材料或干标本。

解剖镜、显微镜、刀片、解剖针、载玻片、盖玻片。

【内容与方法】

1.蕨类代表植物的观察

(1)松叶蕨(*Psilotum nudum*)

取干标本观察,孢子体分根状茎与气生枝,仅有假根。气生枝上部多次叉状分枝,小枝三棱形,具纵脊。叶退化,极小,三角形或针形。靠枝端为孢子叶,也很小,阔卵形,二叉,在腋内着生一个蒴果状的球形孢子囊(实为三个孢子囊联合而成),三室,纵裂。

(2)垂穗石松(*Palhinhaea cernua*)

取新鲜材料或干标本用放大镜观察,孢子体主茎直立,基部匍匐,具不定根。小型叶,钻形,螺旋状排列。孢子叶聚生于小枝顶端,形成孢子叶穗,矩圆形或圆柱形,常下垂。用镊子将孢子叶撕下,见其腹面基部着生有一肾形的孢子囊。再用解剖针刺破孢子囊挑出孢子,制成临时装片置显微镜下观察,进一步了解孢子的形态。或取石松孢子叶穗纵切片在显微镜下观察,可见在穗轴两端排列着孢子叶,每片孢子叶腋下着生一个具短柄的肾形孢子囊,囊内着生大小相等的孢子(同型孢子)。

(3)翠云草(*Selaginella uncinata*)

取新鲜材料或干标本观察,孢子体主茎细长蔓生,其上着生有无叶的光滑的分枝称根托,在根托上长不定根。营养叶二型,鳞片状,排列成四行,左右二行较大,称之侧叶,中央二行较小,称之中叶,侧叶与中叶呈对生排列。在枝顶由不含叶绿体的卵状三角形的孢子叶聚集呈四棱(四方柱形)的孢子叶穗。用镊子将孢子叶撕下,见其腹面基部着生有一卵形的孢子囊,其前面还有一舌状物称叶舌。孢子囊在外形上有大、小之分,因其囊内的孢子也大小不一。用解剖针将孢子囊刺破挑出孢子,若孢子较小数量很多的即小孢子,故名小孢子囊,呈黄色;若孢子只有四个而较大的即大孢子,故名大孢子囊,呈红色。可制作临时装片或取翠云草孢子叶穗纵切片置显微镜下进一步观察异型孢子的形态。

(4)问荆(*Equisetum arvense*)

取新鲜材料或干标本观察,孢子体分生殖枝与营养枝两种。生殖枝于早春生出,营养枝常在夏季生出。根状茎棕色,蔓生地下,节上生有不定根,有时产生块茎,可行营养繁殖。取营养枝观察,绿色,有节与节间,节上轮生许多分枝,节间有棱脊6~15条,表面粗糙,富含硅质。叶退化,下部联合成鞘,鞘齿披针形。再取生殖枝观察,紫褐色,肉质,不分枝,鞘长而大。孢子叶穗顶生,似毛笔头状,由特殊的孢子叶聚生而成,这种孢子叶特称孢囊柄。用解剖针拨开孢子囊,于显微镜下仔细观察,孢子圆球形,同型,孢子外壁分裂成4条弹丝,行干湿运动,帮助孢子散布。

(5)海金沙(*Lygodium japonicum*)

取新鲜材料或干标本观察,其最大特征为植株呈藤本攀援,叶对生,每叶又二回羽裂,小羽片边缘具不整齐浅钝齿。叶二型,在能育叶的小羽片边缘上着生暗褐色流苏状的孢子囊穗。

(6)芒萁(*Dicranopteris pedata*)

取新鲜材料或干标本观察,叶柄长,叶轴一至二回或多回二叉分枝,羽片背面灰白色或灰蓝色,羽片篦齿状深裂,条状披针形。用放大镜观察裂片背部,主脉两侧为对生侧脉,每一侧脉又有小脉3~4条,在每组侧脉的上侧小脉的中部着生有孢子囊群,整个于主脉两侧排成二行。

(7)贯众(*Cyrtomium fortunei*)

取新鲜材料或干标本观察,根状茎短,直立或斜升,密被黑褐色具缘毛的狭披针形鳞片。叶簇生,叶柄长,被稀疏小鳞片。叶片一回奇数羽状,羽片镰状披针形,具短柄,叶脉网状,有内藏小脉1~2条。孢子囊群位于背面内藏小脉顶端,在主脉两侧各排成不整齐的3~4行。囊群盖大,圆盾形,全缘。

用解剖针挑开囊群盖,挑取少许孢子制成临时装片于显微镜下观察。孢子囊具有一层细胞组成的孢子囊壁,有纵行环带(细胞的内壁及侧壁、三面均木质化加厚)。其中有少数细胞不加厚的叫唇细胞，可帮助孢子囊裂开和散布孢子。孢子囊下部有一长柄叫孢子囊柄，着生在囊群托上。囊内产生同型孢子。

再取真蕨类的原叶体(即配子体)装片置显微镜下观察，原叶体心脏形，小，分背腹面，细胞含叶绿体。在其腹面有假根，假根附近有球形精子器，内产生螺旋形多鞭毛的游动精子。在心形凹陷处有乳头状突起，即颈卵器的颈部，而其腹部埋在组织内，含有一个腹沟细胞和一个卵细胞。受精后合子萌发长成新的孢子体。

2.裸子代表植物的观察

(1)苏铁(*Cycas revoluta*)

常绿木本。茎不分枝，叶集生茎顶，羽状全裂，羽片条形，厚革质，边缘显著向下反卷，幼叶拳卷。雌雄异株，大小孢子叶球分别着生于雌、雄株的茎顶。

大孢子叶球(雌球花)的观察：取雌球花标本观察，密被黄褐色长绒毛。上部宽卵形，羽状分裂；下部成狭长的柄，柄的两侧着生2~6枚大的卵圆形胚珠或种子，稍扁，成熟时呈红褐色。

小孢子叶球(雄球花)的观察：取雄球花干标本观察，圆柱形，具短梗，其上具多数螺旋状排列的小孢子叶。取一枚小孢子叶观察，窄楔形，其远轴面着生许多由3~5个小孢子囊组成的小孢子囊群，小孢子囊内有多数小孢子。

(2)银杏(*Ginkgo biloba*)

落叶大乔木。银杏有长短枝之分，叶扇形，先端二裂或波状缺刻，叉状叶脉。叶在长枝上螺旋状散生，在短枝上簇生。雌雄异株，大小孢子叶球均着生在短枝上。

小孢子叶球的观察：取生有小孢子叶球(雄球花)的短枝用放大镜观察。在短枝顶端鳞片腋内，着生多数呈柔荑花序状的小孢子叶球。用镊子从中取一小孢子叶观察，具一短柄，柄端着生有两个小孢子囊(花粉囊)组成的悬垂的小孢子囊群，囊内含许多小舟状的小孢子(花粉)。

大孢子叶球的观察：取生有大孢子叶球(雌球花)的短枝用放大镜观察。在短枝顶端鳞片腋内，着生几个棒状分叉的大孢子叶球。用镊子从中取一个大孢子叶球仔细观察，仅具一长柄，上部二分叉，其末端膨大的肉质部分称珠托，珠托上各着生一枚裸露的直立胚珠，但通常只一个发育成种子。

种子观察：再取一种子做外形及纵切观察。核果状，椭圆形或近球形，较大。种皮分3层，外种皮肉质，成熟时黄色，具白粉；中种皮骨质，白色，具2~3纵脊；内种皮膜质，红色。胚乳丰富，胚极小。

(3)雪松(*Cedrus deodara*)

常绿乔木，大枝平展，树冠塔形，小枝微下垂。叶三棱状针形，坚硬，各面均具灰白色气孔线，在长枝上螺旋状散生，在短枝上簇生。雌雄同株。取一成熟的球果观察，卵圆形或椭圆状卵圆形，具粗壮的短柄，较大，再用镊子夹出一片种鳞(即大孢子叶)用放大镜仔细观察，种鳞木质，倒三角形，背面密生锈色短绒毛，腹面基部着生两枚上端具倒三角形翅的种子。在种鳞背面基部还附生一极小的苞鳞。

(4)马尾松(*Pinus massoniana*)

常绿乔木。针叶二针一束，细柔，基部由芽鳞变成的宿存叶鞘包被。雌雄同株。雄球花聚生于当年生枝基部鳞片叶腋内，呈长椭圆形，黄色，雄蕊多数，螺旋状着生在主轴上。用镊子取下一雄蕊即小孢子叶，用放大镜仔细观察，见其背面上有两个长形的花粉囊(小孢子囊)，再用解剖针挑出花粉(小孢子)，可见每一花粉粒两侧各具一气囊。而雌球花通常单生于当年生枝近顶部，长倒卵圆形，在主轴上密生许多大孢子叶，分化成种鳞和苞鳞，二者分离，仅在基部处合生。

取一马尾松球果用放大镜观察，呈卵圆形或圆锥状卵形，成熟时栗褐色。再用镊子取一种鳞，近长方形，木质，鳞盾菱形微具横脊，鳞脐微凹无刺。在其背面有一分离的小的苞鳞，种鳞腹面基部着生有两个长卵形而在顶端具长翅的种子。

(5)杉木(*Cunninghamia lanceolata*)

常绿乔木。叶条状披针形，坚硬，边缘有细锯齿，基部扭转呈假二列状排列。雌雄同株，但不同枝。

雄球花簇生于枝顶，穗状，雄蕊多数，每个背面基部着生三个花粉囊，花粉粒无气囊。雌球花单生或2~3个聚生在另一小枝顶端，球形，大孢子叶覆瓦状排列在主轴上，但苞鳞与珠鳞合生，其中苞鳞大，边缘有不规则细锯齿，珠鳞小，先端3裂，在腹面基部着生3枚胚珠。

取一杉木球果用放大镜观察，呈卵圆形，黄褐色。苞鳞革质、扁平、三角状宽卵形，边缘有细锯齿，先端有硬刺状短尖头；种鳞形小，位于大的苞鳞腹面下部。在种鳞腹部着生3枚扁平、褐色的种子，两侧有窄翅。

(6)柳杉(*Cryptomeria japonica* var.*sinensis*)

常绿乔木。叶条状钻形，先端内曲，螺旋状排列。雌雄同株。

取雄球花用放大镜观察，在枝顶叶腋处单生，常3~20个聚生成穗状，卵圆形，黄色，每个雄球花由数个鳞片状雄蕊组成，每个雄蕊上着生3~6个黄色的花药，内含无气囊的花粉粒(小孢子)。雌球花常单生于短枝顶，无梗，近球形，淡绿色，苞鳞与珠鳞合生，仅先端分离，每一珠鳞有2~5枚胚珠。

取柳杉球果再仔细观察，球果近球形，无柄，种鳞约有20枚，木质、宿存，上部肥大呈盾形，边缘有3~5个三角形裂齿，其背部有三角状苞鳞，而腹部常有二枚扁平呈长椭圆形的种子，褐色，两侧有极窄的翅。

(7)水杉(*Metasequoia glyptostroboides*)

我国特产稀有珍贵的孑遗植物。落叶乔木，大枝斜展，小枝下垂，侧生小枝对生或近对生。叶条形，交互对生，基部扭转排为2列。雌雄同株。雄球花在枝上排成总状或圆锥花序状，雄蕊多数，交叉对生，每个雄蕊着生二个花药，花粉粒（小孢子）无气囊。而雌球花单生枝端，卵球形，由9~12对珠鳞交互对生组成，珠鳞与苞鳞半合生，每一珠鳞内着生5~9枚胚珠。

取水杉球果用放大镜观察，近球形；种鳞木质，盾形，能育种鳞有5~9粒扁平而斜卵圆形的种子，周围有窄翅，先端有凹缺。

（8）侧柏（*Platycladus orientalis*）

生鳞叶小枝扁平，同侧生小枝排成一平面，直伸或斜展。叶鳞形，交叉对生，排成四行。球果卵圆形，蓝绿色，被白粉，鳞盾具反曲的钩状尖头，种子无翅有棱脊。

（9）柏木（*Cupressus funebris*）

生鳞叶小枝微扁平，小枝排成平面，下垂。叶鳞形，交叉对生。球果圆球形，微被色粉，鳞盾具凸起的短尖头，种子两侧有窄翅。

以上侧柏与柏木可用新鲜材料做对比观察。若有雌雄球花，可进一步解剖观察了解其形状、大小，雄蕊或心皮的数目，珠鳞与苞鳞是否完全合生，花粉囊与胚珠的数目多少等情况。

（10）圆柏（*Juniperus chinensis*）

常绿乔木，同株上兼有刺叶及鳞叶，刺叶三枚轮生，鳞叶交叉对生。雌雄异株，球果近圆球形，被白粉，成熟时种鳞愈合，肉质，不开裂。在庭园中常见有三种栽培变种。

①塔柏：树冠塔形，通常为刺叶，或有鳞叶。

②龙柏：树冠柱状塔形，枝向一方扭转斜上，形似“龙抱柱”，枝端小枝密集呈四棱形，全为鳞叶。

③球柏：矮型丛生灌木，树冠圆球形，分枝密，常为鳞叶。

（11）罗汉松（*Podocarpus macrophyllus*）

常绿乔木，叶条状披针形，微弯，螺旋状排列，中脉明显，有短柄。雌雄异株。雄球花穗状，常3~5簇着生叶腋。雌球花单生叶腋，有梗。种子卵圆形，为肉质套被（大孢子叶）发育的假种皮所包。

（12）红豆杉（*Taxus wallichiana* var.*chinensis*）

常绿乔木。叶排列成两列，条形，微弯或较直，上面深绿色，有光泽，下面淡黄绿色，有两条气孔带，中脉带上有密生均匀而微小的圆形角质乳头状突起点。雄球花淡黄色。种子生于杯状红色肉质的假种皮中，常呈卵圆形。

【实验报告】

（1）绘松叶蕨植株外形图，示假根、根状茎、气生枝叶、孢子囊等各部分名称。

（2）绘垂穗石松或翠云草植株外形图，示茎、不定根、营养叶、孢子叶穗等各部分名称。

（3）绘问荆植株外形图，示生殖枝、营养枝、节与节间、叶、孢子叶穗等各部分名称。

(4)绘贯众一个羽片外形图,示孢子囊群着生方式;并放大一个孢子囊,示其孢子囊壁、纵行环带、唇细胞、孢子、孢子囊柄等各部分名称。

(5)绘一真蕨的原叶体图,注明假根、精子器及颈卵器等各部分名称。

(6)绘苏铁大、小孢子叶外形图,示各部分名称。

(7)绘一银杏大孢子叶球外形图,注明长柄、珠鳞、胚珠等各部分名称。

(8)任取雪松、马尾松、柏木、柳杉、水杉一种球果,绘外形图;另绘一放大的种鳞背面与腹面图,示苞鳞与胚珠着生情况。

(9)绘罗汉松种子与种托外形图,示各部分名称。

【思考题】

(1)蕨类植物分几个亚门?各亚门有何特点?

(2)以真蕨为例,简述蕨类植物的生活史。

(3)裸子植物的主要特征是什么?

(4)苏铁和蕨类有哪些相似特点?说明了什么问题?

(5)举例说明裸子植物的观赏价值和药用价值?

实验十一

常见校园植物观察(双子叶植物)

【目的与要求】

(1)通过对校园常见双子叶植物的观察,掌握代表植物的主要特征及其科的识别要点。

(2)能识别常见的双子叶植物。

【材料与用品】

玉兰、紫玉兰、二乔玉兰、樟、天竺桂、黑壳楠、扬子毛茛、榔榆、朴树、桑、构树、榕树、黄葛树、光叶子花、山茶、木芙蓉、垂花悬铃花、垂柳、加杨、白花杜鹃、西洋杜鹃、蔷薇、月季、麻叶绣线菊、垂丝海棠、贴梗海棠、红叶石楠、枇杷、日本晚樱、紫藤、刺槐、刺桐、象牙红、紫荆、羊蹄甲、双荚决明、爬山虎、葡萄、鸡爪槭、红枫、龙葵、木本曼陀罗、烟草、枫香、红花檵木、杨梅叶蚊母树、一串红、风轮菜、木樨、女贞、素馨、小蜡、日本珊瑚树、忍冬、向日葵、孔雀草、马兰、黄鹌菜、蒲公英等。

【内容与方法】

1.木兰科(Magnoliaceae)

(1)科的主要识别特征

乔木或灌木。小枝具环状托叶痕。单叶互生,具托叶。花单生;两性,稀单性;花被3基数,离生,常无花萼,花冠分化;雌蕊、雄蕊多数,离生,分别螺旋状排列于柱状花托的上部、下部;聚合蓇葖果,稀具翅坚果。种子具胚乳。

(2)代表植物:荷花玉兰、玉兰、紫玉兰、二乔玉兰、望春玉兰、厚朴、山玉兰、白兰花、含笑、深山含笑、木莲、鹅掌楸、北美鹅掌楸等。

(3)重点植物介绍

①玉兰(*Magnolia denudata*)

落叶乔木。叶倒卵形或倒卵状椭圆形;先端短突尖;托叶痕为叶柄长的1/4 - 1/3。花被9片,近等大,纯白色。花期2–3月,果期8–9月。

②二乔玉兰(*Magnolia soulangeana*)

落叶乔木。叶倒卵形;先端短突尖;托叶痕为叶柄长的1/3。花被6–9片,外轮3片较内轮略短,花被片外面上端白色,基部紫色,内面白色。花期2–3月,果期9–10月。

③荷花玉兰(广玉兰)(*Magnolia grandiflora*)

常绿乔木。小枝、芽、叶柄及叶背面密被锈色绒毛。叶厚革质,叶柄无托叶痕。花被片9–12片,白色,芳香。子房及蓇葖果被绒毛。花期5–6月,果期9–10月。

④紫玉兰(辛夷)(*Magnolia liliflora*)

落叶灌木。叶椭圆状倒卵形或倒卵形;先端急尖或渐尖;托叶痕约为叶柄长的1/2。花被9–12片,外轮3小片,萼片状,早落;内2轮外面紫色,内面白色。花期3–4月,果期8–9月。

⑤白兰花(*Michelia alba*)

乔木。叶背面疏生微柔毛,叶柄长1.5–2cm,中部以下具托叶痕。花被片10片,白色,芳香。花期4–9月,夏季最盛,常不结实。

⑥含笑(*Michelia figo*)

灌木。芽、幼枝、叶柄、花梗被黄褐色绒毛。托叶痕达叶柄顶端。花淡黄色,边缘有时红色或紫色,芳香;花被片6片,花期3–5月。

⑦鹅掌楸(*Liriodendron chinense*)

叶近基部两侧各具1裂片,叶下面被乳突状白粉点。雄蕊花丝长5–6mm,雌蕊群花期伸出花被片。花期5月,果期9–10月。

2.樟科(Lauraceae)

(1)科的主要识别特征

常绿或落叶木本。叶及树皮具油细胞;单叶互生,大多全缘,羽状脉或出脉,无托叶。花两性或单性,整齐;花被3或2基数,4或6片,排列为2轮;雄蕊3–4轮,花药瓣裂;心皮3,合生;子房上位,1室1胚珠。浆果状核果。种子无胚乳。

(2)代表植物:樟、银木、天竺桂、黑壳楠、楠木、白楠、香叶树等。

(3)重点植物介绍

①香樟(*Cinnamomum camphora*)

乔木;小枝无毛。叶两面无毛,离基三出脉,主脉及侧脉脉腋具腺窝。果托浅杯状,高约5mm。

②天竺桂(*Cinnamomum japonicum*)

小枝、叶两面及叶柄无毛,离基三出脉,基生侧脉自叶基1–1.5cm处生出;花序轴及花梗无毛;果托浅波状,全缘或具圆齿。

③黑壳楠(*Lindera megaphylla*)

常绿乔木;小枝无毛。叶倒披针状椭圆形或狭椭圆形,无毛;果长圆形或椭圆形,熟时红转黑色,果托碗状。

3.毛茛科(Ranunculaceae)

(1)科的主要识别特征

草本,稀木质藤本。单叶或复叶,无托叶。花两性,稀单性;辐射对称,稀两侧对称。花被常5基数;萼片5至多数,有时呈花瓣状;花瓣5至多数或退化,常具蜜腺;雄蕊常多数,螺旋状排列;雌蕊心皮离生,稀合生或为单心皮,子房上位。蓇葖果或瘦果,稀蒴果或浆果。种子具胚乳。

(2)代表植物:扬子毛茛、石龙芮、耧斗菜等。

(3)重点植物介绍

①扬子毛茛(*Ranunculus sieboldii*)

多年生草本。茎铺散。3出复叶;叶片圆肾形至宽卵形,基部心形,3浅裂至较深裂,边缘有锯齿。花与叶对生,花梗密生柔毛;萼片狭卵形,外面生柔毛,花期向下反折,迟落;花瓣5,黄色。聚合果圆球形,瘦果扁平,无毛。

②花毛茛(*Ranunculus asiaticus*)

多年生草本。纺锤状小块根。茎直立,具刚毛。根生叶为三出叶,茎生叶近无柄,羽状细裂。单花着生枝顶,花冠丰圆,花瓣平展,错落叠层。有重瓣、半重瓣,花色丰富,有白、黄、红、水红、大红、橙、紫和褐色等多种颜色。

4.榆科(Ulmaceae)

(1)科的主要识别特征

乔木或灌木。单叶互生,稀对生,常2列,托叶早落。花两性,稀单性或杂性;组成聚伞花序,或呈簇生状;花单被;雄蕊与花萼同数而对生,花药2室,纵裂;雌蕊2心皮,花柱极短,柱头2,子房上位,1室1倒生胚珠,稀2室。翅果、核果或小坚果。

(2)代表植物:榆树、榔榆、朴树、紫弹朴、榉树、青檀等。

(3)重点植物介绍

①榔榆(*Ulmus parvifolia*)

树皮斑块状剥落;一年生枝密被短柔毛。叶披针状卵形或窄椭圆形,边缘具单锯齿。花3-6簇生叶腋,秋季开放;翅果椭圆形或卵状椭圆形,除缺口处被毛外,余无毛。花果期8-10月。

②朴树(*Celtis sinensis*)

落叶乔木。芽鳞无毛。叶多为卵形或卵状椭圆形,但没有菱形,基部几乎不偏斜或仅稍偏斜,先端尖至渐尖,但不为尾状渐尖,质地较薄。果常单生叶腋,果柄与叶柄等长或果柄稍短。花期3-4月,果期9-10月。

5.桑科(Moraceae)

(1)科的主要识别特征

乔木、灌木或藤本,稀草本,常具乳汁。单叶互生,托叶早落。花单性,雌雄同株或异株,花序腋生,柔荑状、头状、穗状或隐头花序。雄花花被(1) 2 - 4 (8),雄蕊与萼片同数而对生;雌花花被4,心皮2,子房上位,1 (2)室,每室1悬垂胚珠。瘦果,组成聚花果。

(2)代表植物:桑、构树、菠萝蜜、榕树、黄葛树、印度榕、无花果、菩提树等。

(3)重点植物介绍

①桑(*Morus alba*)

乔木或灌木。叶广卵形、不裂或分裂,叶缘有粗钝齿,叶背脉上有疏毛及腋毛。雄花序长1-2.5cm,雌花序长约1cm,果紫黑色或白色状,聚花果球形,熟时红色。

②构树(*Broussonetia papyrifera*)

乔木。叶阔卵形或长椭圆状卵形,不裂或幼树叶3-5裂,两面密被绒毛,托叶卵形。

③榕树(*Ficus microcarpa*)

常绿乔木,小枝下垂。叶卵形至卵状椭圆形,长4-8cm,侧脉板多,细脉平行,具边脉。榕果成对或单生叶腋,基部缢缩成柄、熟时黄色至红色。

④黄葛树(*Ficus virens* var.*sublanceolata*)

落叶乔木。叶卵状披针形至椭圆状卵形,侧脉7-10对。榕果单生、成对腋生或簇生。有或无总梗。

6.紫茉莉科(Nyctaginaceae)

(1)科的主要识别特征

草本、灌木、藤状灌木或乔木,单叶对生,稀互生或轮生,全缘,无托叶。花两性,稀单性或杂性,辐射对称;单生、簇生或成聚伞花序,具苞片。花单被,花被花冠状,具彩色;雄蕊1枚至多枚,不等长;子房上位,1室1胚珠。瘦果,包于宿萼内。

(2)代表植物:光叶子花、叶子花、紫茉莉。

(3)重点植物介绍

①光叶子花(*Bougainvillea glabra*)

藤状灌木,具枝刺。枝无毛或有疏毛。叶互生,卵形或卵状披针形,几无毛。花与苞片近等长,萼筒疏被柔毛。

②紫茉莉(*Mirabilis jalapa*)

多年生草本,以粗壮直根越冬。节膨大。叶对生,草质。花萼呈花冠状,白、黄、粉、红等色。瘦果球形,黑色具棱。

7.山茶科(Theaceae)

(1)科的主要识别特征

常绿乔木或灌木。单叶互生,常革质,无托叶。花两性,稀雌雄异株:单生或簇生叶腋,整齐;苞片2至多数,有时逐渐过渡为萼片;萼片5至多数,有时逐渐过渡为花瓣;花瓣5至多数,基部常连合,白色、红色或黄色;雄蕊多数,花丝分离或基部连合;子房上位,稀半下位,2-10室;中轴胎座。蒴果、浆果或核果。

(2)代表植物:山茶、茶、陕西短柱茶、四川大头茶、茶梅、金花茶、木荷等。

(3)重点植物介绍

①山茶(*Camellia japonica*)

灌木或小乔木。叶革质,椭圆形,边缘有细锯齿。花顶生,红色;苞片及萼片组成长杯状苞被。蒴果圆球形,2-3室,每室有种子1-2粒。花期1-4月。

②茶(*Camellia sinensis*)

灌木或小乔木。叶革质,长圆形或椭圆形,边缘有锯齿。花1-3朵腋生,白色;花瓣5-6片,基部略连合;子房密生白毛;花柱无毛,先端3裂。蒴果3球形或1-2球形,每球有种子1-2粒。花期10月至翌年2月。

8.锦葵科(Malvaceae)

(1)科的主要识别特征

草本,灌木或乔木。单叶互生,常掌状分裂,有托叶。花两性,辐射对称,单生、簇生或排成聚伞花序;花萼3-5,分离或连合,其下常有小苞片(副萼);花瓣5,分离;雄蕊多数,单体雄蕊,花药1室;子房上位,常5室,中轴胎座,每室胚珠1至多数。蒴果或分果。

(2)代表植物:木芙蓉、垂花悬铃花、木槿、扶桑花等。

(3)重点植物介绍

①木芙蓉(*Hibiscus mutabilis*)

落叶灌木或小乔木。小枝、叶柄、叶两面、花梗、花萼密被星状毛。叶5-7浅裂,基出脉7-11。花梗近顶端具节;副萼8,线形;花瓣初白色或粉红色,后深红色;花柱分枝被毛。花期8-10月。

②垂花悬铃花(*Malvaviscus arboreus* var.*penduliflorus*)

灌木。叶卵状披针形,边缘具钝齿,主脉3条;托叶线形,早落。花单生于叶腋;小苞片匙形,边缘具长硬毛,基部合生;萼钟状,裂片5,被长硬毛;花红色,下垂,筒状,仅于上部略开展。

9.杨柳科(Salicaceae)

(1)科的主要识别特征

落叶乔木或灌木。单叶互生,有托叶。花单性,雌雄异株,柔荑花序;无花被,具花盘或腺体；雄花雄蕊2至多数，离生；雌花心皮2-4，合生，子房1室，侧膜胎座。蒴果；种子小，基部有长毛。

（2）代表植物：垂柳、桤柳、南川柳、加杨、毛白杨、胡杨等。

（3）重点植物介绍

①垂柳（*Salix babylonica*）

落叶乔木；小枝细长下垂。叶线状披针形，长9-16cm，叶柄有短柔毛。雄花雄蕊2，腺体2；雌花腺体1枚。

②加杨（*Populus × canadensis*）

小枝无毛，稍有棱角，叶片三角状卵形或菱状卵形，叶柄侧扁，无或有1-2枚腺体。

10.**杜鹃花科**（Ericaceae）

（1）科的主要识别特征

常绿或落叶，灌木或乔木。单叶互生、无托叶。花单生，或成总状、圆锥状及伞形花序、顶生或侧生；花两性，辐射对称或略两侧对称；花萼4-5裂，宿存；花冠常5裂，裂片覆瓦状排列；花药孔裂，稀纵裂；子房上位或下位，(2-)5(-12)室，每室胚珠多数，稀1枚。蒴果或浆果。

（2）代表植物：白花杜鹃、映山红、西洋杜鹃、吊钟花、马醉木、长蕊杜鹃等。

（3）重点植物介绍

①白花杜鹃（*Rhododendron mucronatum*）

半常绿灌木；芽鳞具黏胶；小枝、叶片、花萼被糙伏毛和腺毛。花序顶生，花1-3朵；花冠白色；雄蕊10、较花冠长；子房密被刚毛，5室。花期4-5月

②西洋杜鹃（*Rhododendron × hybridum*）

杜鹃、白杜鹃等的杂交种，花色丰富，花期长，品种繁多，广泛栽培。

③长蕊杜鹃（*Rhododendron stamineum*）

常绿灌木或小乔木。叶常轮生枝顶，革质。花常3-5朵簇生枝顶叶腋；花冠白色，漏斗形，花冠管筒状；雄蕊10，细长，伸出于花冠外很长；子房圆柱形，花柱长4-5cm，超过雄蕊。蒴果圆柱形。花期4-5月，果期7-10月。

11.**蔷薇科**（Rosaceae）

（1）科的主要识别特征

常绿或落叶，木本或草本。单叶或复叶，常互生而有托叶。花两性，稀单性，辐射对称；萼筒短或圆筒状，萼片5，覆瓦状排列；花瓣与萼同数，覆瓦状排列，稀无花瓣；雄蕊5至多数，稀1或2。花丝离生，稀合生；心皮1至多数，分离或连合；子房下位、半下位或上位，花柱与心皮同数。蓇葖果、瘦果、梨果、核果，稀蒴果。种子通常无胚乳。

（2）代表植物：蔷薇、月季、七姊妹、麻叶绣线菊、垂丝海棠、贴梗海棠、红叶石楠、桃、李、

杏、梅、枇杷、日本晚樱、樱。

(3)重点植物介绍

①野蔷薇(*Rosa multiflora*)

攀援灌木;小枝具短弯皮刺。小叶5-9,背面具柔毛;托叶篦齿状,齿尖具腺。复伞房花序;萼片披针形,全缘或中部具2线形裂片,脱落;花瓣5,白色;花柱合生成束,稍长于雄蕊,无毛。球形蔷薇果。花期4-7月。

②麻叶绣线菊(*Spiraea cantoniensis*)

叶菱状披针形至菱状长圆形,中部以上具缺刻状锯齿,两面无毛。伞形花序生于侧生短枝顶端。花白色;心皮及蓇葖无毛。花期4-5月。

③垂丝海棠(*Malus halliana*)

叶有圆钝细锯齿。萼片先端圆钝;花粉红色,花瓣常5枚以上;花柱4或5。果略带紫色,萼片脱落。花期3-4月。

④红叶石楠(*Photinia × fraseri*)

常绿灌木或小乔木。小枝、叶两面、叶柄无毛,叶柄短于2cm,新叶红色鲜艳。

⑤枇杷(*Eriobotrya japonica*)

乔木,小枝被绒毛。叶倒卵形、倒披针形或披针形,叶面多皱,背面被灰棕色绒毛,边缘疏生锯齿,密被绒毛。花柱5,离生。果熟时黄色或橘黄色。花期10-12月,果期5-6月。

⑥日本晚樱(*Erasus serrulata* var.*lannesiana*)

乔木。叶片卵状椭圆形或倒卵椭圆形,叶缘具渐尖重锯齿,齿尖具长芒;叶柄先端有圆形腺体;托叶线形。花序伞房总状或近伞形,花香,白、黄、红等色,单瓣或重瓣。核果球形或卵球形,紫黑色。花期4-5月,果期6-7月。

12.豆科(Leguminosae)

(1)科的主要识别特征

草本或木本。复叶稀单叶,有托叶。花常两性,两侧对称;萼片5,基部合生;花瓣5,蝶形花冠;雄蕊10,两体、单体或全部分离;心皮1,子房上位,1室,边缘胎座。荚果。

(2)代表植物:紫藤、刺槐、洋槐、刺桐、象牙红、紫荆、羊蹄甲、双荚决明等。

(3)重点植物介绍:

①紫藤(*Wisteria sinensis*)

落叶藤本。茎左旋。奇数羽状复叶;小叶3-6对,纸质,卵状椭圆形至卵状披针形,上部小叶较大。总状花序;花冠紫色,蝶形花冠。荚果;种子褐色,扁平。花期4月中旬至5月上旬,果期5-8月。

②刺桐(*Erythrina variegata*)

乔木;主干及分枝具黑色皮刺。顶生小叶宽卵形或菱状卵形;叶柄、叶背中脉无刺。总状花序顶生;花萼佛焰苞状,一侧开裂至基部;龙骨瓣分离,与翼瓣近等长。花期3月。

③紫荆(*Cercis chinensis*)

灌木,叶两面无毛。花簇生,无花序梗,先于叶开放,紫红色或粉红色,假蝶形花冠。荚果具翅。花期3–4月,果期8–10月。

④羊蹄甲(*Bauhinia purpurea*)

常绿乔木。嫩枝微被柔毛;叶两面无毛。总状花序侧生或顶生;花萼佛焰苞状;花瓣粉红色或桃红色,假蝶形花冠,具长瓣柄;可育雄蕊3。荚果带状。花期9–11月,果期2–3月。

⑤刺槐(*Robinia pseudoacacia*)

乔木,小枝褐色,具托叶刺。小叶2–12对,先端圆。花序轴、花梗被平伏柔毛。花冠白色。荚果无毛。花期4–6月,果期8–9月。

13.葡萄科(Vitaceae)

(1)科的主要识别特征

木质或草质藤本,具卷须,卷须与叶对生。叶互生,单叶或复叶,具托叶。花小、两性或单性,辐射对称,排成聚伞花序或圆锥花序,常与叶对生。花萼4–5齿裂;花瓣4–5,分离,或顶端黏合成帽状脱落;雄蕊4–5,与花瓣对生;子房上位,2(–6)室,每室2胚珠。浆果。

(2)代表植物:爬山虎、葡萄、三裂叶蛇葡萄等。

(3)重点植物介绍

①爬山虎(*Parthenocissus tricuspidata*)

卷须5–9分枝。叶基部者3深裂或3出复叶,上部叶3浅裂或不裂,两面无毛或下面脉上有短柔毛。

②葡萄(*Vitis vinifera*)

卷须2叉分枝。叶3–5掌状分裂,叶缘有粗牙齿,背面疏生柔毛。聚伞圆锥花序多分枝。果序下宽上窄,呈圆锥状。种子与果肉易分离。果期8–9月。

14.槭树科(Aceraceae)

(1)科的主要识别特征

落叶,稀常绿,乔木或灌木。叶对生,无托叶,单叶,稀复叶,不裂或掌状分裂。花小,辐射对称,两性、杂性或单性;伞房、总状、穗状或聚伞花序。萼片及花瓣(4)5,具花盘;雄蕊(4–)8(–12),生花盘内方;雌蕊2心皮,子房上位,2室,每室2胚珠,中轴胎座;花柱2分离或基部合生。翅果。

(2)代表植物:鸡爪槭、红枫、三角槭、金钱槭、红翅槭等。

(3)重点植物介绍

①鸡爪槭(*Acer palmatum*)

落叶小乔木,叶掌状7–9深裂,边缘有重锯齿;背面脉腋被白色丛毛。聚伞花序,花紫色;

雄花与两性花同株,翅果两翅成钝角。红枫为鸡爪槭的品种,叶片常年红色或紫红色,枝条紫红色。

②三角槭(*Acer buergerianum*)

落叶乔木。叶3裂或不裂,全缘或上部疏生锯齿,背面被白粉。聚伞花序顶生,花黄绿色。翅果两翅近直立或成锐角。

15.茄科(Solanaceae)

(1)科的主要识别特征

草本、灌木或小乔木。叶互生,单叶或羽状复叶。花单生,簇生或组成伞形、伞房或圆锥花序;花两性,辐射对称,稀两侧对称,5基数;花萼5裂,宿存;花冠常5裂;雄蕊与花冠裂片同数互生,稀为4。雌蕊2心皮,子房上位,中轴胎座,胚珠多数。浆果或蒴果。

(2)代表植物:龙葵、木本曼陀罗、烟草、矮牵牛、番茄、茄子、辣椒等。

(3)重点植物介绍

①龙葵(*Solanum nigrum*)

一年生草本;叶卵形;伞形状花序腋外生;花冠白色,冠檐裂片卵圆形;浆果球形,黑色;果柄弯曲。

②木本曼陀罗(*Datura arborea*)

叶全缘、微波状或具不规则缺刻状齿,两面被微柔毛。花萼外面被柔毛,一侧开裂,口部直径与该处花冠筒等粗;花冠长漏斗状,白色。花期春季、夏季。

③矮牵牛(碧冬茄)(*Petunia hybrida*)

一年生草本。叶卵形,叶柄短或近无柄。花萼5深裂,裂片线形,先端钝;花冠漏斗状,白、粉红、蓝、紫等色,单瓣或重瓣。

④烟草(*Nicotiana tabacum*)

一年生草本;叶长圆状披针形、基部渐窄成耳状半抱茎;叶柄不明显或成翅状;花序圆锥状,顶生花萼筒状或筒状钟形;花冠漏斗状,淡黄、淡绿、红或粉红色,基部带黄色;雄蕊1枚较短,不伸出花冠喉部,花丝基部被毛;蒴果卵圆形或椭圆形,与宿萼近等长。

16.金缕梅科(Hamamelidaceae)

(1)科的主要识别特征

乔木或灌木,常有星状毛。单叶互生,常有托叶。花两性,或单性同株,少异株或杂性,排成头状、总状或穗状花序。花两被、单被或无被;整齐,4或5基数;子房下位,稀上位,2室,胚珠1至多数,花柱2,宿存。蒴果。

(2)代表植物:枫香、红花檵木、檵木、蚊母树、杨梅叶蚊母树等。

(3)重点植物介绍

①枫香树(*Liquidambar formosana*)

落叶乔木。叶掌状3裂。雄短穗状花序常多个排成总状、雌性头状花序。头状果序圆球形;蒴果。种子多数,褐色,多角形或有窄翅。

②红花檵木(*Loropetalum chinense* var.*rubrum*)

灌木,有时为小乔木。叶革质,卵形,紫红色。花瓣4片,带状,紫红色;子房完全下位,被星毛。蒴果卵圆形,萼筒长为蒴果的2/3。种子圆卵形,黑色,发亮。花期3-4月。

③蚊母树(*Distylium racemosum*)

常绿灌木。叶革质,椭圆形或倒卵状椭圆形。总状花序,花雌雄同在一个花序上,雌花位于花序的顶端;子房有星状绒毛。蒴果卵圆形。种子卵圆形,深褐色。

17.唇形科(Labiatae)

(1)科的主要识别特征

草本,稀灌木,常芳香。茎、枝常四棱形。叶对生,稀轮生或互生,无托叶。轮伞花序组成顶生或腋生的总状、穗状或圆锥花序,稀单花腋生。花两性,两侧对称;花萼宿存,具4-5齿;花冠二唇形;二强雄蕊;雌蕊心皮2。子房上位,浅裂或深裂为4室,每室1胚珠,花柱生于子房裂隙的底部。果为4小坚果,藏于宿萼内。

(2)代表植物:一串红、一串蓝、一串紫、鼠尾草、风轮菜、薄荷、益母草、缙云黄芩、迷迭香等。

(3)重点植物介绍

①一串红(*Salvia splendens*)

草本或亚灌木;茎枝无毛。叶卵圆形或三角状卵形,两面无毛,背面有腺点。苞片、花梗、花萼及花冠红色;花萼钟形,上唇全缘,下唇具2齿;花冠上唇长约为下唇的2倍;下臂药室不育。花期3-10月

②风轮菜(*Clinopodium chinense*)

叶卵形;轮伞花序具多花,半球形,苞片多数,针状;花萼窄管形,带紫红色,上唇3齿长三角形,下唇2齿直伸,具芒尖,花冠紫红色,上唇先端微缺,下唇3裂。小坚果黄褐色,倒卵球形。

18.木樨科(Oleaceae)

(1)科的主要识别特征

乔木或灌木,稀木质藤本。叶对生,稀轮生及互生;单叶,三出复叶或羽状复叶;无托叶。花辐射对称,两性,稀单性或杂性;聚伞花序组成圆锥、总状、伞形或头状花序,稀花单生。花萼裂片4(-16);花冠裂片4(-16);子房上位,2心皮2室,每室2胚珠,稀1或多数胚珠。核果、

蒴果、浆果或翅果。

(2)代表植物:木樨、女贞、素馨、小蜡、湖北梣、连翘、丁香、茉莉等。

(3)重点植物介绍

①木樨(*Osmanthus fragrans*)

小枝无毛。叶片椭圆形、长椭圆形或椭圆状披针形,无毛,边缘全缘或上部具细锯齿,中脉上面凹入。聚伞花序簇生叶腋,苞片无毛;花极芳香。花期9–10月,果期翌年3月。

②女贞(*Ligustrum lucidum*)

常绿乔木;全株无毛。叶卵形,质软而脆,长6–17cm,宽3–8cm。圆锥花序顶生,花冠筒与裂片近等长。核果肾形,被白粉。花期5–7月,果期7月至翌年5月。

③素馨花(*Jasminum grandiflorum*)

常绿藤本。小枝具棱或沟。叶对生,羽状深裂或羽状复叶,小叶5–9。聚伞花序顶生或腋生;花冠白色,芳香。花期8–10月。

④小蜡(*Ligustrum sinense*)

落叶或半常绿灌木或小乔木。小枝被柔毛。叶两面被柔毛或无毛,叶背中脉常被柔毛。圆锥花序顶生或腋生,花冠裂片长于花冠筒。核果近球形。花期3–6月。

19.忍冬科(Caprifoliaceae)

(1)科的主要识别特征

灌木或木质藤本,稀乔木或草本。叶对生,稀轮生;单叶,稀复叶。花两性,4或5基数;聚伞花序,稀单生。花萼与子房贴生,裂片(3)4–5;花冠合瓣,有时二唇形;雄蕊与花冠裂片同数而互生,着生花冠筒上;子房下位,2–5室。浆果或核果,稀蒴果。

(2)代表植物:日本珊瑚树、忍冬、荚蒾、绣球荚蒾、琼花、锦带花、接骨草等。

(3)重点植物介绍

①日本珊瑚树(*Viburnum odoratissimum* var.*awabuki*)

常绿灌木或小乔木。叶革质,上面深绿色有光泽。圆锥花序顶生或生于侧生短枝上,宽尖塔形;花芳香,花冠白色,后变黄白色。果实先红色后变黑色。花期4–5月(有时不定期开花),果熟期7–9月。

②忍冬(金银花)(*Lonicera japonica*)

半常绿藤本;小枝中空,被毛。花成对生于枝上部叶腋,苞片叶状;花冠二唇形,上唇4裂,下唇反卷,外面被柔毛及腺毛;初开时白色,后转黄色;芳香。浆果球形,紫黑色。花期4–6月。

20.菊科(Compositae)

(1)科的主要识别特征

草本,稀木本。叶互生,稀对生或轮生;无托叶。头状花序单生或排成总状、聚伞状、伞房或圆锥状;总苞片1层至多层;花无梗,两性或单性;花冠合生,管状、舌状或唇形;头状花序同型(全为管状花或舌状花)或异型(外围为雌花、舌状,中央为两性花、管状);雄蕊4-5,着生于花冠筒上,聚药雄蕊;子房下位,心皮2,1室1基生胚珠,花柱顶端2裂。瘦果。

(2)代表植物:向日葵、孔雀草、马兰、黄鹌菜、蒲公英、黄金菊、大丽菊、秋英、瓜叶菊、加拿大一枝黄花、雏菊、蜡菊、非洲菊等。

(3)重点植物介绍

①孔雀草(*Tagetes patula*)

一年生草本。叶裂片线状披针形。头状花序单生,花序梗顶端稍粗;舌状花金黄色或橙黄色,带红色斑,管部长于冠毛或与冠毛等长。花期7-9月。

②马兰(*Kalimeris indica*)

叶倒披针形。头状花序单生于枝端并排列成疏伞房状。总苞半球形,总苞片2-3层,覆瓦状排列;外层倒披针形,内层倒披针状矩圆形。花托圆锥形。舌状花1层,舌片浅紫色;管状花管部被短密毛。瘦果。花期5-9月,果期8-10月。

③黄鹌菜(*Youngia japonica*)

多年生草本;基生叶倒披针形、椭圆形,大头羽状深裂或全裂;无茎生叶或极少有茎生叶,头状花序排成伞房花序;总苞圆柱状总苞片4层,背面无毛,外层宽卵形或宽形,内层披针形,边缘白色宽膜质,内面有糙毛。瘦果。

④瓜叶菊(*Pericallis hybrida*)

多年生草本。茎密被长柔毛。叶互生,肾形至宽心形,或上部叶三角状心形,掌状浅裂,裂片三角状,边缘具钝齿,下面密被绒毛;基部深心形;掌状脉。舌状花紫红色、淡蓝色、粉红色或近白色;管状花黄色。花果期3-7月。

⑤向日葵(*Helianthus annuus*)

一年生草本;无块茎。茎被粗硬毛。叶互生,心状卵圆形或卵圆形,两面被糙毛。头状花序,总苞片卵形或卵状披针形,密被长硬毛或纤毛。舌状花黄色,管状花棕色或紫色。瘦果具2膜片状早落冠毛。花期7-9月。

⑥蒲公英(*Taraxacum mongolicum*)

多年生草本。叶边缘有时具波状齿或羽状深裂,有时倒向羽状深裂或大头羽状深裂。花葶1至数个,上部紫红色;头状花序;总苞钟状;总苞片2-3层;舌状花黄色。瘦果倒卵状披针形,暗褐色;冠毛白色。花期4-9月,果期5-10月。

【实验报告】

（1）选取5种开花植物写出花程式。

（2）每科选取1–2种植物，写出科的检索顺序。

（3）自制表格，将观察到的植物的中文学名、所属科、主要识别特征等整理入表。

【思考题】

（1）观察家附近的植物，试判断为哪个科的植物，再通过检索表进行确定。

（2）菊科为什么能成为被子植物的第一大科？菊科植物有哪些进化特征？

实验十二

常见校园植物观察(单子叶植物)

【目的与要求】

(1)通过对校园常见单子叶植物的观察,掌握代表植物的主要特征及其科的识别要点。

(2)能识别常见的单子叶植物。

【材料与用品】

百合、麦冬、沿阶草、玉簪、吊兰、蜘蛛抱蛋、天门冬、葱莲、韭莲、水仙、水鬼蕉、蝴蝶花、黄菖蒲、紫竹梅、白花紫露草、细叶结缕草、狗尾草、慈竹、小琴丝竹、棕榈、蒲葵、棕竹、假槟榔、鱼尾葵、风车草、短叶水蜈蚣、海芋、马蹄莲、美人蕉、芭蕉、蝴蝶兰等。

解剖镜、显微镜、刀片、解剖针、载玻片、盖玻片。

【内容与方法】

1.百合科(Liliaceae)

(1)科的主要识别特征

多年生草本,稀亚灌木或木本,常具鳞茎、球茎或根茎。叶基生或茎生,茎生叶互生,稀对生或轮生。花两性,稀单性,常辐射对称;总状、穗状、圆锥状或伞形花序。花被6,稀4;雄蕊6,稀3、4或12;雌蕊通常3心皮,子房上位,少半下位,3室为中轴胎座,稀1室具侧膜胎座。蒴果或浆果。

(2)代表植物:百合、沿阶草、麦冬、玉簪、紫萼、吊兰、蜘蛛抱蛋、天门冬。

(3)重点植物介绍

①麦冬(*Ophiopogon japonicas*)

地下具走茎。叶基生成丛,禾叶状,具3-7脉,边缘具细锯齿。花葶常远短于叶,花单生或成对生于苞腋,关节位于中部以上或近中部;花被片稍下垂而不展开,白色或淡紫色;花柱基部宽阔,向上渐狭呈圆锥形。花期5-8月。

②沿阶草(*Ophiopogon bodinieri*)

似麦冬,但花葶与叶几等长或稍短,花梗关节位于中部;内轮花被片宽于外轮,花柱细,圆柱形。品种有矮小沿阶草,植株矮小,花被黄色,稍带红色。

③吊兰(*Chlorophytum comosum*)

叶簇生。花葶近顶端具叶丛或幼小植株;花白色,花丝长于花药,花药开裂后常卷曲。原产于南非,现我国各地栽培供观赏。品种有:金心吊兰,叶中心具黄色条纹;中斑吊兰,叶边缘绿色,中央淡黄白色;银边吊兰,叶边缘白色。

④蜘蛛抱蛋(*Aspidistra elatior*)

叶单生,各叶着生点彼此间距1-3cm;叶片矩圆状披针形、披针形至近椭圆形。品种有:洒金蜘蛛抱蛋,叶具黄色或黄白色斑点;白纹蜘蛛抱蛋,叶具乳白色或黄白色纵条纹。

⑤天门冬(*Asparagus cochinchinensis*)

攀援植物。根纺锤状膨大。叶状枝通常每3枚成簇,扁平或由于中脉龙骨状而略呈锐三棱形,稍镰刀状。花通常每2朵腋生,淡绿色。浆果熟时红色。花期5-6月,果期8-10月。

⑥玉簪(*Hosta plantaginea*)

叶卵状心形、卵形或卵圆形,基部心形,侧脉6-10对。花单生或2-3簇生,白色,芳香;雄蕊下部贴生花被管。花果期8-10月。

2.石蒜科(Amaryllidaceae)

(1)科的主要识别特征

多年生草本,具鳞茎或块茎。叶基生或茎生。花两性,辐射对称,稀两侧对称;常为伞形花序,生于无叶花葶顶端,下有1至多数膜质总苞。花被花瓣状,裂片6,2轮,有或无副花冠;雄蕊6;子房下位,3室,中轴胎座。蒴果,稀浆果。

(2)代表植物:葱莲、韭莲、石蒜、水仙、文殊兰、君子兰、水鬼蕉、朱顶红等。

(3)重点植物介绍

①葱莲(*Zephyranthes candida*)

多年生草本。叶狭线形,肥厚。花茎中空;花单生于花茎顶端,下有带褐红色的佛焰苞状总苞;花白色,外面常带淡红色;几无花被管,花被片6。蒴果近球形。花期秋季。

②韭莲(*Zephyranthes grandiflora*)

多年生草本。鳞茎卵球形。基生叶常数枚簇生,线形。花单生于花茎顶端,下有佛焰苞状总苞,总苞片常带淡紫红色,下部合生成管;花玫瑰红色或粉红色,花被裂片6;子房下位,3室,柱头深3裂。蒴果近球形;种子黑色。花期夏秋季。

③石蒜(*Lycoris radiata*)

鳞茎近球形。秋季出叶,叶狭带状,深绿色,中间有粉绿色带。花茎高约30cm;总苞片2枚,披针形;伞形花序有花4-7朵,花鲜红色;花被裂片狭倒披针形,强度皱缩和反卷;雄蕊显著伸出于花被外,比花被长1倍左右。花期8-9月,果期10月。

④水鬼蕉(*Hymenocallis littoralis*)

叶剑形,顶端急尖,基部渐狭,深绿色,多脉,无柄。佛焰苞状总苞片,基部极阔;花茎顶端生花3-8朵，白色；花被管纤细，长短不等，花被裂片线形，通常短于花被管；杯状体(雄蕊杯)钟形或阔漏斗形。花期夏末秋初。

3.鸢尾科(Iridaceae)

(1)科的主要识别特征

多年生草本，具块茎、根茎或鳞茎。叶剑形或线形，基部鞘状，互相套叠，具平行脉。花两性，辐射对称，稀两侧对称，常为聚伞花序。花被6，2轮，合生；雄蕊3；子房下位，3室，中轴胎座，柱头3，有时扩大成花瓣状。蒴果，室背开裂。

(2)代表植物：蝴蝶花、黄菖蒲、唐菖蒲、雄黄兰、射干、鸢尾等。

(3)重点植物介绍

①蝴蝶花(*Iris japonica*)

多年生草本。根状茎可分直立根状茎和横走根状茎，直立的根状茎扁圆形，具多数较短的节间。叶基生，剑形，无明显的中脉。花茎直立，高于叶片，顶生稀疏总状聚伞花序；花淡蓝色或蓝紫色。蒴果椭圆状柱形。花期3-4月，果期5-6月。

②黄菖蒲(*Iris pseudacorus*)

多年生草本。根状茎粗壮；基生叶灰绿色，宽剑形。花茎粗壮，有明显的纵棱，上部分枝，茎生叶比基生叶短而窄；花黄色，子房绿色，三棱状柱形。花期5月、果期6-8月。

4.鸭跖草科(Commelinaceae)

(1)科的主要识别特征

草本。茎具明显的节与节间。单叶互生，全缘，具叶鞘。花两性，稀单性，通常为蝎尾状聚伞花序。萼片3，宿存；花瓣3；雄蕊6，通常仅2-3枚发育，花丝常具念珠状长毛，稀无毛；子房上位，3室，或退化为2室。蒴果，稀浆果。

(2)代表植物：紫竹梅、吊竹梅、白花紫露草、杜若等。

(3)重点植物介绍

①紫竹梅(*Tradescantia pallida*)

茎斜升；全株紫红色。叶长圆形或长圆状披针形，两面及边缘疏生长柔毛，叶鞘边缘及鞘口具睫毛。萼片、花瓣离生，花瓣紫红色；花丝被念珠状长柔毛。花期夏季、秋季。

②白花紫露草(*Tradescantia fhuminensis*)

茎匍匐或悬垂，节上生根。叶长圆形或卵状长圆形；叶鞘上端具毛。萼片绿色，背面具短柔毛；花瓣白色；花丝中下部密生与雄蕊等长的多细胞柔毛。花期6-8月。

③吊竹梅(*Tradescantia zebrina*)

茎匍匐或悬垂。叶卵形或长卵形，叶鞘具长柔毛，叶上面中脉附近及边缘色深，其间杂有两条宽而色浅条纹，叶背紫色。花萼、花瓣基部合生，花冠玫红色或粉红色；花丝被多细胞长柔毛。花期6-8月。

5.禾本科(Gramineae)

(1)科的主要识别特征

草本或木本。秆具明显的节与节间,节间中空,稀实心。叶互生,常2列,叶鞘一侧开口,稀闭合。花序由小穗组成穗状、总状、指状或圆锥花序;小穗由小穗轴、颖片和1至多数小花组成;花两性,稀单性;每小花具1外稃和1内稃;花被退化为2肉质鳞片(或称浆片);雄蕊3或6,花药丁字着生,花丝细长;雌蕊1,子房上位,1室1胚珠,花柱2,稀1或3,羽毛状或毛刷状。颖果,稀浆果或坚果;种子胚乳丰富。

(2)代表植物:细叶结缕草、野燕麦、狼尾草、狗尾草、蒲苇、芦苇、芦竹、慈竹、小琴丝竹、佛肚竹、黄金间碧玉竹、高粱、玉米、水稻、小麦等。

(3)重点植物介绍

①细叶结缕草(*Zoysia tenuifolia*)

多年生草本。具匍匐茎。秆纤细。叶鞘无毛,紧密裹茎;小穗窄狭,黄绿色;第一颖退化,第二颖革质,顶端及边缘膜质,具不明显的5脉;外稃与第二颖近等长,内稃退化;柱头帚状。颖果与稃体分离。花果期8-12月。

②狗尾草(*Setaria viridis*)

一年生草本。根为须状,秆直立或基部膝曲,叶片扁平。圆锥花序紧密呈圆柱状或基部稍疏离;小穗2-5个簇生于主轴上或更多的小穗着生在短小枝上;第1颖片卵形、宽卵形;第2颖片几与小穗等长;第1外稃与小穗第长;第2外稃椭圆形,边缘内卷。花果期5-10月。

③慈竹(*Neosinocalamus affinis*)

竿高5-10m;节间圆筒形;箨鞘革质,背部密生白色短柔毛和棕黑色刺毛;箨耳无;箨舌呈流苏状。末级小枝具数叶乃至多叶;叶鞘具纵肋,无鞘口繸毛;叶舌截形,棕黑色;叶片窄披针形,质薄。小穗轴无毛,粗扁;外稃宽卵形,具多脉,顶端具小尖头,边缘生纤毛;内稃背部2脊上生纤毛,脊间无毛;雄蕊6;花柱羽毛状。果实纺锤形,果皮质薄,黄棕色,易与种子分离而为囊果状。笋期6-9月或自12月至翌年3月,花期多在7-9月,但可持续数月之久。

6.棕榈科(Palmae)

(1)科的主要识别特征

常绿乔木或灌木,稀藤本。茎单生或丛生,常不分枝。叶集生茎顶,掌状或羽状分裂;基部鞘状,或具交织的纤维。花两性或单性,稀杂性,常为圆锥花序,具鞘状或管状佛焰苞,整齐,花被6,2轮;雄蕊6或3,稀多数;雌蕊心皮3,分离或基部合生,子房上位,1-3室,每室1胚珠,稀多数。浆果或核果;种子胚乳发达。

(2)代表植物:棕榈、蒲葵、棕竹、假槟榔、鱼尾葵、老人葵等。

(3)重点植物介绍

①棕榈(*Trachycarpus fortunei*)

乔木状,树干圆柱形,被不易脱落的老叶柄基部和密集的网状纤维。叶片呈3/4圆形或者近圆形,深裂成30-50片具皱折的线状剑形;叶柄长75-80cm。花序粗壮,多次分枝,从叶腋抽出,通常是雌雄异株。雄花黄绿色;雌花淡绿色。果实阔肾形,成熟时由黄色变为淡蓝色,有白粉,柱头残留在侧面附近。花期4月,果期12月。

②蒲葵(*Livistona chinensis*)

乔木状,基部常膨大。叶阔肾状扇形,直径达1m余,掌状深裂至中部。花序呈圆锥状,总梗上有6-7个佛焰苞。花小,两性。果实椭圆形(如橄榄状),黑褐色。种子椭圆形。花果期4月。

③棕竹(*Rhapis excelsa*)

丛生灌木,茎圆柱形,有节,上部被叶鞘,分解成淡黑色粗糙而硬的网状纤维。叶掌状深裂,裂片4-10片。花螺旋状着生于小花枝上。雄花在花蕾时为卵状长圆形,开花时为棍棒状长圆形;雌花短而粗。果实球状倒卵形。花期6-7月。

④假槟榔(*Archontophoenix alexandrae*)

乔木状,茎呈圆柱状,基部略膨大。叶羽状全裂,生于茎顶,羽片呈2列排列。花序生于叶鞘下,呈圆锥花序式,下垂;花瓣3。果实卵球形,红色。种子卵球形。花期4月,果期4-7月。

⑤鱼尾葵(*Caryota ochlandra*)

乔木状,茎绿色,具环状叶痕。叶羽状分裂;具多数穗状的分枝花序,花瓣椭圆形,黄色;子房近卵状三棱形,柱头2裂。果实球形,成熟时红色。花期5-7月,果期8-11月。

7.莎草科(Cyperaceae)

(1)科的主要识别特征

草本,常具根状茎。秆三棱形,稀圆柱形。叶基生或秆生,3列,叶鞘闭合。花序由1至多数小穗排成复穗状、头状、圆锥状或长侧枝聚伞花序。小穗具1至多花,花两性或单性,雌雄同株,稀异株;花生于鳞片腋内,无花被或花被变成下位鳞片或刚毛,有的雌花为先出叶形成的果囊所包。雄蕊3,稀1-2,花药基着;雌蕊2-3心皮,子房上位,1室1胚珠,柱头2-3。小坚果。

(2)代表植物:风车草、短叶水蜈蚣、纸莎草、水葱、荸荠等。

(3)重点植物介绍

①风车草(*Cyperus involucratus*)

多年生草本。秆丛生,钝三棱,无叶片,基部具叶鞘。总苞片叶状,长约为花序分枝的2倍,条状披针形,先端下垂;鳞片先端锐尖。小坚果无柄。花果期5-12月。

②短叶水蜈蚣(*Kyllinga brevifolia*)

根状茎长而匍匐,具多数节间。秆成列地散生,细弱,扁三棱形,平滑,基部不膨大。叶柔弱,短于或稍长于秆;穗状花序单个,球形或卵球形。小穗长圆状披针形,压扁。小坚果倒卵状长圆形,扁双凸状。花果期5-9月。

8.天南星科(Araceae)

(1)科的主要识别特征

草本,具块茎或根茎;稀攀援灌木或附生藤本。叶互生,叶脉网状,稀具平行脉,叶柄基部或部分鞘状。肉穗花序具佛焰苞,花两性或单性,雌雄同株或异株;花被片2、3,或无花被;雄蕊2枚、4枚、8枚或多数,花药2室,常有不育的假雄蕊;子房上位或陷入肉质花序轴内,1室至多室,胚珠1至多数。浆果。

(2)代表植物:海芋、大野芋、芋头、马蹄莲、魔芋等。

(3)重点植物介绍

①海芋(*Alocasia odora*)

大型常绿草本植物,具匍匐根茎,有直立的地上茎。叶片亚革质,草绿色,箭状卵形,边缘波状。花序柄2-3枚丛生,圆柱形;佛焰苞管部绿色,檐部蕾时绿色,花时黄绿色、绿白色,凋萎时变黄色。肉穗花序芳香。浆果红色,卵状。花期四季。

②大野芋(*Colocasia gigantea*)

常绿草本,具根茎。叶丛生,叶片长达1m;叶柄淡绿色,具白粉,下半部具鞘。花序柄常5-8枚生于同一叶柄鞘内,每花序柄具1枚膜质鳞叶,鳞叶与花序柄近等长,背部有2条棱凸。佛焰苞管部绿色,檐部粉白色。

③马蹄莲(*Zantedeschia aethiopica*)

叶绿色,无斑块,心状箭形或箭形,基部心形或戟形,叶柄光滑,下部具鞘。佛焰苞白色,管部短。花期2-3月。

④磨芋(魔芋)(*Amorphophallus rivieri*)

块茎扁球形。叶柄光滑,有绿褐色或白色斑块;叶片绿色,3裂,二歧分裂,Ⅱ次裂片二回羽状分裂或二回二歧分裂,小裂片互生,大小不等。佛焰苞漏斗形,苍绿色,杂以暗绿色斑块,边缘紫红色。肉穗花序。浆果球形或扁球形,成熟时黄绿色。花期4-6月,果8-9月成熟。

9.美人蕉科(Cannaceae)

(1)科的主要识别特征

多年生草本;具块茎。叶互生,大型,具叶鞘,羽状平行脉。花两性,大而美丽,不对称;顶生穗状、总状或圆锥花序,有苞片。萼片3,宿存;花瓣3,萼状,下部合生成管并与退化雄蕊基部合生;退化雄蕊花瓣状,基部连合,红色或黄色,3-4枚,外轮2-3枚较大,内轮1枚较狭,外卷，称唇瓣；可育雄蕊1枚，花丝花瓣状，边缘具1枚1室的花药，基部与花柱合生；子房下位，3室，每室多胚珠，花柱片状或棒状。蒴果3瓣裂，具小刺或瘤突。

(2)代表植物：美人蕉、大花美人蕉、柔瓣美人蕉、粉美人蕉等。

(3)重点植物介绍

①大花美人蕉(*Canna × generalis*)

茎、叶、花序被白粉。叶缘、叶鞘紫色。花冠管长5-10mm，裂片直立；退化雄蕊长5-10cm，宽2-5cm，黄色、红色、橘黄色及杂色。花期夏秋季。

②美人蕉(*Canna indica*)

茎、叶绿色，无粉霜。叶卵状长圆形或长圆形。花冠筒部长约1.5cm，裂片直立；退化雄蕊2或3，鲜红色。花期3-12月。

10.芭蕉科(Musaceae)

(1)科的主要识别特征

多年生草本。地上茎包于叶鞘组成的假茎中。叶螺旋状集生茎顶，大型，具粗厚中脉和多数横出平行脉。花单性，穗状花序顶生，苞片大，佛焰苞状；雄花生于花序轴上部苞片内，雌花生于花序轴下部苞片内。花被6，外轮3片与内轮前方2片连合成管状，内轮后方1枚分离；发育雄蕊5，退化雄蕊1；子房下位，中轴胎座。浆果。

(2)代表植物：芭蕉、香蕉、地涌金莲等。

(3)重点植物介绍

芭蕉(*Musa basjoo*)

叶片长圆形，有光泽，2-3m，侧出平行脉。花序顶生，下垂；苞片红褐色或紫色；雄花生于花序上部，雌花生于花序下部。浆果三棱状长圆形，肉质，内具多数种子，种子黑色。

11.姜科(Zingiberaceae)

(1)科的主要识别特征

多年生草本；具匍匐或块状根茎。地上茎基部常具鞘。叶基生及茎生，常2列，具叶鞘，叶鞘顶端具叶舌。花单生或组成穗状、总状或圆锥花序；花两性，常两侧对称，具苞片。花被6-2轮，外轮萼状，常合生成管，一侧开口及顶端齿裂；内轮花冠状，基部合生成管，上部3裂，位于后方1枚常较大；发育雄蕊1，花药2室，退化雄蕊2-4枚，外轮2枚为侧生退化雄蕊，呈花瓣状、齿状或无，内轮2枚连合成唇瓣，常显著而美丽；子房下位，3室，中轴胎座，或1室具侧膜胎座。蒴果。

(2)代表植物：花叶艳山姜、姜花、峨眉姜花等。

(3)重点植物介绍

①花叶艳山姜(*Alpinia zerumbet* 'Variegata')

多年生草本。叶具鞘，长椭圆形，有金黄色纵斑纹，十分艳丽。圆锥花序呈总状花序式，花序下垂，花蕾包藏于总苞片中，花白色，边缘黄色，顶端红色，唇瓣广展，花大而美丽并具有香气。蒴果卵圆形，种子有棱角。花期4–6月，果期7–10月。

②姜花（*Hedychium coronarium*）

叶无柄，腹面无毛，背面被柔毛。苞片覆瓦状排列，每苞片具2–3花；花白色，芳香；花冠管长约8cm；唇瓣倒心形，白色，基部稍黄色，先端2裂；子房被绢毛。花期8–12月。

12.兰科（Orchidaceae）

（1）科的主要识别特征

地生、附生或较少为腐生草本；地生与腐生种类常有块茎或肥厚的根状茎，附生种类常有由茎的一部分膨大而成的肉质假鳞茎。叶基生或茎生。花葶或花序顶生或侧生；花常排列成总状花序或圆锥花序；花被片6，2轮；中央1枚花瓣的形态常有较大的特化，明显不同于2枚侧生花瓣，称唇瓣；子房下位，1室，侧膜胎座，较少3室而具中轴胎座；除子房外整个雌雄蕊器官完全融合成柱状体，称蕊柱。果实通常为蒴果，较少呈荚果状，具极多种子；种子细小，无胚乳，种皮常在两端延长成翅状。

（2）代表植物：天麻、石斛、蝴蝶兰、蕙兰等。

（3）重点植物介绍

①天麻（*Gastrodia elata*）

根状茎肥厚，块茎状。茎直立，无绿叶，下部被数枚膜质鞘。总状花序长；花扭转，橙黄、淡黄、蓝绿或黄白色；唇瓣长圆状卵圆形，基部贴生于蕊柱足末端与花被筒内壁上并有一对肉质胼胝体，边缘有不规则短流苏。蒴果倒卵状椭圆形。花果期5–7月。

②石斛（*Dendrobium nobile*）

茎圆柱形，具多节。叶先端不等2裂，基部具抱茎叶鞘。花序生于老茎中部以上茎节，具1–4花，白色，上部淡紫红色，有时全部淡紫色；唇瓣基部两侧有紫红色条纹，具短爪、两面密被绒毛；唇盘具紫红色大斑块。花期4–5月。

③蝴蝶兰（*Phalaenopsis aphrodite*）

叶腹面绿色，背面紫色。花序轴“之”字形曲折；花白色，萼片、花瓣具网脉；唇瓣侧裂片具红色斑点或细条纹，中裂片先端具2卷须，基部具黄色肉突。花期4–6月。

④大花蕙兰（*Cymbidium hybrid*）

地生草本；假鳞茎不明显。叶5–8片，直立性强，叶丛生，带状，革质。花葶直立，花序具花30–50朵，花大，有红、黄、紫、粉、白或带有紫褐色斑纹等色。花期较长，冬春开花。

【实验报告】

(1)选取5种开花植物写出花程式。

(2)每科选取1-2种植物,写出科的检索顺序。

(3)自制表格,将观察到的植物的中文学名、所属科、主要识别特征等整理入表。

【思考题】

(1)比较单子叶植物和双子叶植物的区别。

(2)兰科植物是单子叶植物的第一大科,有何进化特征?

(3)自然界还有许许多多植物我们都没学过,思考怎么通过我们的现有知识去扩大我们的认知范围?

第三部分

综合性实验

实验一

检索表的编制和使用

检索表是植物系统分类中识别和鉴定植物不可或缺的工具，其重要性类似于我们学习语言时的字词典。法国博物学家拉马克根据二歧分类原则，将一群动植物相对的特征、特性分成对应的两个分支，再把每个分支中相对的性状又分成相对应的两个下级分支，依次下去直到编制到科、属或种检索表的终点为止。为了便于使用，各分支按其出现的先后顺序，前边加上一定的顺序数字，相对应的两个分支前的数字相同。熟练掌握检索表的使用，是植物工作者的基本技能，实现对大千世界种类繁多的植物进行准确鉴定。

【目的与要求】

(1)了解植物分类检索表的编制原理和类型，学会编制检索表

(2)掌握检索表的使用方法，能利用检索表独立鉴定某一种植物所属的科或属或种名。

【材料与用品】

采集15-20种校园植物(带花或带果)。

放大镜、镊子、解剖针，用于鉴定植物的检索表。

【内容与方法】

1.检索表的编制原理和类型

检索表是植物分类中识别和鉴定植物必不可少的工具，其基本编制方法是根据二歧分类的原则把一群植物的典型特征归纳分成相对应的两个分支，再把每个分支中的典型特征再归纳分成相对应的两个分支，如此反复下去直到编制到科、属或种检索表的终点为止。

根据检索的目的不同，检索表有分科、分属、分种等检索表。常用的植物检索表主要有3种，即定距式检索表、平行式检索表和连续平行检索表。

(1)定距式检索表

在这种检索表中，将相对立的特征编为同样的号码，在书页左边同样距离处开始编写。并采用渐次内缩的排列方法(即每一对相对特征均比上一对相对的特征内缩一格，如此将一对对相对特征依次编排下去，直至编写到出现科、属、种等各分类等级的名称为止)。例如，高

等植物分门检索表（定距式）：

1. 植物体无真正的世代交替，没有胚胎（低等植物）。

  2. 植物体不为藻类和菌类所组成的共生体。

    3. 植物体内有叶绿素或其他光合色素，为自养生活方式 ……………………藻类植物

    3. 植物体内无叶绿素或其他光合色素，为异养生活方式 ……………………菌类植物

  2. 植物体为藻类和菌类所组成的共生体 ……………………………………………地衣植物

1. 植物体有真正的世代交替，有胚胎（高等植物）。

  4. 植物体无维管束的出现，无真正的根、茎、叶 ……………………………………苔藓植物

  4. 植物体有维管束的分化，有真正的根、茎、叶。

    5. 不产生种子，用孢子繁殖 ………………………………………………………………蕨类植物

    5. 产生种子，用种子繁殖 …………………………………………………………………种子植物

定距检索表查找方便，一目了然，但如果种类较多时，会使得行次偏斜，左空而右挤，浪费篇幅也不美观。

（2）平行式检索表

平行检索表将不同类群的植物（或不同分类阶层如科、属、种）的每一对相对应的特征给予同一号码，相邻编排在一起，两两平行，每一自然段均顶格，故称为平行检索表。在每段特征描述之末，标有继续查找的指示数字（号码），引导读者查阅另一对相应的特征，以此继续下去，直到查到与特征相符的某一类群的名称（科、属、种等各分类阶层的名称）为止。例如，高等植物分门检索表（平行式）：

1. 植物体无真正的世代交替，无胚胎（低等植物） ………………………………………2

1. 植物体有真正的世代交替，有胚胎（高等植物） ………………………………………4

2. 植物体为菌类和藻类所组成的共生体 …………………………………………地衣植物

2. 植物体不为菌类和藻类所组成的共生体 ………………………………………………3

3. 植物体内含有叶绿素或其他光合色素，为自养生活方式 ………………………藻类植物

3. 植物体内不含有叶绿素或其他光合色素，为异养生活方式 ……………………菌类植物

4. 植物体无维管束的出现，无真正的根、茎、叶 ……………………………………苔藓植物

4. 植物体有维管束的分化，有真正的根、茎、叶 ………………………………………………5

5. 不产生种子，用孢子繁殖 ………………………………………………………………蕨类植物

5. 产生种子，用种子繁殖 …………………………………………………………………种子植物

平行检索表各项特征均排列在书页左边的同一直线上，既美观整齐又可节约篇幅，但不足之处的是没有定距式检索表醒目易查。

（3）连续平行式检索表

将一对相互矛盾的特征用两个号码表示，如1(6)和6(1)，查找时，若所要查找的植物性

符合1时，就向下查2，若不符合时就查6，如此类推向下查对一直到所需要的对象。例如，高等植物分门检索表（连续平行式）：

1(6)植物体无真正的世代交替，无胚胎(低等植物)。

2(5)植物体不为藻类和菌类所组成的共生体。

3(4)植物体内有叶绿素或其他光合色素，为自养生活方式 ……………………藻类植物

4(3)植物体内无叶绿素或其他光合色素，为异养生活方式 ……………………菌类植物

5(2)植物体为藻类和菌类所组成的共生体 ……………………………………地衣植物

6(1)植物体有真正的世代交替，有胚胎(高等植物)。

7(8)植物体无维管束的出现，无真正的根、茎、叶 ……………………………苔藓植物

8(7)植物体有维管束的分化，有真正的根、茎、叶。

9(10)不产生种子，用孢子繁殖 ………………………………………………蕨类植物

10(9)产生种子，用种子繁殖 …………………………………………………种子植物

连续平行检索表由于每个特征描述前均有两个不同的号码，便于对照，使用较为方便，同时每一自然段均顶格，并在书页左边排成一纵向直线，整齐也节约篇幅。但对于初学编制检索表的人而言，不易掌握，亦较费时。

从上面的例子可以看出，三种检索表采用的特征是相同的，其不同之处就是编排的方式。这三种检索表在应用上各有其优缺点，目前采用最多的还是定距检索表。

2.检索表的编制方法和注意事项

(1)首先要确定是编制分科、分属还是分种检索表，然后对所观察的植物进行细致观察和记录，列出它们的主要特征，找出相同特征和突出区别，接下来再进行编制。

(2)在选用区别特征时，最好选用性状稳定且容易观察的相反的或容易区别的特征，如单叶或复叶，木本或草本等。不能采用似是而非，或不好区分的特征，如叶较大和叶较小。

(3)采用的特征要明显，最好选用肉眼清晰可见或利用手持放大镜就能看到的特征。

(4)检索表的编排号码，只能用两个相同的号码，不能用三个甚至四个相同的号码并排。

(5)有时同一种植物由于生长的环境不同，既有乔木也有灌木，遇到这种情况时，在乔木和灌木的各项中都可编进去，这样就保证可以查到。

(6)为了证明你编制的检索表是否实用，还应到实践中去验证。如果在实践中可用，而且选用的特征也都准确无误，那么，此项工作就算完成了。

3.用检索表鉴定植物

鉴定植物时要先选择植物志，因为检索表所具有的类型和所包括的范围各有不同，比如有全国检索表，有地方植物检索表；有分科检索表，也有分属或分种检索表；有观赏植物检索表，也有入侵植物检索表；等等。在使用时，应根据不同的需要，利用不同的检索表，绝不能在

鉴定木本植物时用草本植物检索表去查。如果要鉴定的植物是从四川地区采的，则可以选用四川植物检索表或四川植物志。

鉴定植物的关键是要会用科学的专业的形态学术语来描述植物特征。如遇到不知名种子植物，要按照以下特征顺序进行逐一观察和描述，然后再根据特征，利用分科检索表确定植物的科名，进而分别用分属检索表和分种检索表确定植物属名和种名。

①植物的性状：乔木、灌木、亚灌木、草木（包括一、二年生或多年生）；茎的形状、颜色、被毛或光滑；直立、平卧或匍匐；攀援、缠绕或其他等。

②叶：单叶或复叶；叶形，有无叶柄；对生、互生或轮生；叶面及叶背颜色、被毛或其他；羽状脉或平行脉；有无托叶等。

③花序：花序类型（穗状、总状、圆锥、伞形、聚伞类等）或花单生。

④花的各部分：

苞片：形状、颜色、数目、被毛或其他。

花萼：萼片形状、颜色、数目、离生或合生、被毛或无毛等。

花冠：花瓣形态、颜色、数目、离生或合生、被毛或无毛等。

雄蕊：数目、花丝离生或合生、花药着生情况、开裂方式等。

雌蕊：花柱数目、柱头分裂数或不裂，或浅裂；子房上位、下位或半下位；子房室的数目；胎座（如中轴胎座、特立中央胎座、侧膜胎座等）；胚珠数目（少数或多数或定数）等。

果实：果实类型，开裂或不开裂，果实的形状大小和颜色等。

种子：形状、大小和颜色；解剖种子观察有无胚乳、子叶数目等。

【实验报告】

（1）编写教师所选择的植物的分科或分种检索表，分别采用定距式和平行式进行表示。

（2）选择一不认识的植物，根据分科检索表确定该植物所属科，并写出检索路线。

【思考题】

（1）怎样才能编制一个好用的检索表，应注意哪些问题？

（2）我们在某地采到一不认识的植物，鉴定时首先选择该地区的检索表还是全国性的检索表，为什么？

实验二

叶脉书签的制作

叶脉书签是除去叶片表皮和叶肉组织，保留叶脉而做成的书签样式的工艺品，包括去叶肉、漂白、染色等过程。学生通过选择、采摘叶片，再使叶片经一些理化反应，去除叶肉，保留叶脉制作成一张张精美的叶脉书签，也可在此基础上题字作画，使平淡无奇的叶片华丽转身为工艺品。通过实验培养学生的动手能力，审美能力，激发对植物学的兴趣。

【目的与要求】

掌握制作叶脉书签的原理和方法，理解植物叶脉的结构特点。

【材料与用品】

木樨叶、黄葛树叶、白兰叶。

碳酸钠、氢氧化钠、漂白粉、碳酸钾、染料、电炉、石棉网、瓷盘、烧杯、吸水纸镊子、牙刷、玻棒等。

【内容与方法】

1.选择叶片

选择叶脉类型为羽状网脉，且叶脉粗又密的成熟树叶，如木樨（桂花）、黄葛树或白兰的成熟叶片。

2.除去叶肉

挑选形态完整的叶片，用清水洗刷干净后，浸泡在装好腐蚀液的容器中，加热煮沸5min左右，使其腐烂。腐蚀液的配制：碳酸钠2.5g＋氢氧化钠3.5g，加入1L水溶解后配置而成。在煮制叶片时，不宜一次性煮得过多；在煮制过程中，要不时用玻棒轻轻搅动，使各叶分离，受热均匀，并保持溶液淹没叶片；加热时间长短要根据叶片而定，当叶片变成褐色，或当叶的表面有气泡出现时停止加热，此时叶肉较容易脱落。

用镊子将煮制好的叶片捞出，在盛有清水的容器中漂洗2–3次；将漂洗好的叶片放在瓷盘中，加入一层水，使牙刷与水平面大约成45°角，顺着叶脉延伸方向轻轻地刷除叶肉，注意只能向一个方向刷（绝对不能来回刷），以免将叶脉损坏。刷时先从背面开始，刷净背面再刷正面，主叶脉附近的叶肉可用敲除法去除。刷洗干净后用吸水纸（或草纸）吸去多余水分。

腐蚀叶片还有其他方法，如：

①水泡腐烂法：把洗净的叶片放在水罐或其他容器中，用水浸泡；特别是夏天，水中的细菌会使叶肉腐烂，叶片颜色由绿变为褐色（如果发出臭味应该立即换水）。大约过1-2周，晃动容器，随着水的振动有叶肉脱落下来即可。

②酶解法：将叶片放入含有果胶酶溶液的烧杯中，使细胞壁间的原果胶分解，叶肉细胞相互离散，再用流水冲洗或用刷子刷洗叶片，即可得到完整的叶脉。

③用洗衣粉作腐蚀剂：在500mL水中加入50g洗衣粉，放入烧杯或者其他容器里，然后放在火上煮沸，放入洗干净的叶片，并用玻璃棒或者筷子旋转搅动，使叶片受热均匀并与洗衣粉液充分接触。煮沸约15min（时间长短视叶片老嫩和质地而定）即可。

3.漂白

将刷洗好的叶脉放入漂白液中漂白。

漂白液的配制：

甲液：漂白粉 8g，溶于40mL水中。

乙液：碳酸钾 5-8g，溶于30mL热水中。

将甲液和乙液混合均匀，待冷却后，加水至100mL，搅拌均匀后滤去杂质即可。漂白时，将叶脉标本浸入漂白液片刻，再取出用清水漂洗干净，再用吸水纸（或草纸）吸去多余水分。

4.染色

用1%番红水溶液（染成红色）或1%甲基绿水溶液（染成绿色）或结晶紫水溶液（染成紫色）染色0.5-1h。然后用清水漂洗后取出，置于两块玻璃板中压平，自然风干。取出后系上漂亮的丝线，一个美丽的叶脉书签就制成了。如缺少生物染料，也可用普通染布的染料或红、蓝墨水代替。

【思考题】

（1）在家可以怎么利用家里现成的工具和材料制作叶脉书签？

（2）为什么一定要选择羽状网脉的成熟叶片制作叶脉书签？

实验三

植物种子活力与萌发率的测定

种子是农业生产的核心，种子活力是衡量种子播种质量的重要参数。高活力种子出苗快速、整齐，苗强、苗壮，抗逆性强，具有明显的生长优势和生产潜力，在农业生产中具有重要的意义。萌发率是指在最适宜的发芽条件下，发芽种子占所测种子的百分比。种子活力与萌发率是评价种子等级的重要指标，只有那些种子活力强、萌发率高的种子才适宜播种，否则将会带来严重的经济损失。

【目的与要求】

掌握种子活力及萌发率测定的方法。

【材料与用品】

小麦、水稻、大豆、玉米等种子。

2,3,5-三苯基四唑氯化物、乳酸、苯酚、甘油；培养皿、小刀、镊子、放大镜、棕色试剂瓶、滴瓶、量筒、pH试纸、温箱、计数器、天平、滤纸、蒸馏水等。

【内容与方法】

1.试剂配制

0.1%-0.5% TTC(2,3,5-三苯基四唑氯化物)溶液：称取1g TTC，加少量酒精使其溶解，再加水或pH 6-8磷酸缓冲液定容到200mL(配制0.5%溶液)或1000mL(配制成0.1%溶液)。

乳酸苯酚液：按乳酸:苯酚:甘油:水=1:1:2:1配制而成。

2.实验操作

(1)种子活力的测定

本实验中种子活力的测定采用TTC法。其原理为TTC的氧化态是无色的，可被氢还原成不溶性的红色三苯甲臜(TTF)。用TTC的水溶液浸泡种子，使之渗入种胚的细胞内，如果种胚具有较强生活力，呼吸作用强，其中的脱氢酶就可以将TTC作为氢受体使之还原成为三苯甲臜而呈红色；如果种胚死亡便不能染色；种胚生命力衰退或部分丧失生活力则染色较浅或局部被染色，因此，可以根据种胚染色的部位或染色的深浅程度来鉴定种子的活力。测定步骤如下：

①将种子用温水（30℃）浸泡2-6h，使种子充分吸胀。

②随机取种子2份，每份100粒。水稻种子要去壳，豆类种子要去种皮，然后沿种胚中央准确切开，将其中的一半用TTC溶液完全浸没染色，另一半在沸水中煮5min，再做同样的染色处理，作为对照观察。

③将准备好的种子浸于TTC试剂中，置于恒温箱（25-35℃）中保持1-6h进行染色。

④染色结束后，要立即进行鉴定，因放久了会退色。吸去种子表面的TTC溶液，用肉眼或放大镜检查胚部染色情况。凡胚部呈红色的种子具有生命力，并能萌发；胚部呈淡红色的种子，其生命力较弱，但有的可以萌发。胚部未染色的种子，为丧失生命力的死种子，不能萌发，统计结果，并检查对照样品是否染色。

小粒种子经染色后，可加几滴乳酸苯酚溶液，经10-30min后，再进行鉴定，这样易于看清胚的染色情况。用于不同种子生命力的测定，其试剂浓度、染色时间、浸泡时间也不同。

⑤计算。

$$种子活力=\frac{种胚被染成红色的种子数}{供试种子数}\times100\%。$$

（2）植物种子萌发率测定

①先在所用容器中（瓷盘、培养皿），铺一层经淘洗并消毒过的粗沙，上面放一层滤纸或纱布，铺成发芽床。发芽床保持干净，最好经过消毒。

②将试验种子分成4组，每组100粒或50粒（根据种子大小），分别放入4个发芽床内。粒与粒之间要保持一定距离，通常不能小于种子本身大小，以防带病种子发霉感染。发芽床放在温箱内或温度适宜的地方。

③每个发芽床要注明种子名称、开始试验日期、种子粒数。定期观察、记录萌发情况。

④种子的萌发率，是指在最适宜的发芽条件下，发芽种子占所测种子的百分比。

⑤计算。

$$萌发率=\frac{全部发芽种子数}{试验种子总粒数}\times100\%$$

种子的发芽率及发芽势的计算应取供作发芽试验的几组样品的平均值。

【思考题】

（1）分析种子萌发所需的内因和外部条件。

（2）为什么说胚是种子的重要部分？

实验四

花的形态结构与传粉媒介的适应性探究

花是被子植物的特有生殖器官。典型的被子植物的花由花柄、花托、花被、雌蕊群和雄蕊群五部分组成。当雄蕊中的花粉粒和雌蕊中的胚囊成熟或二者之一成熟时，花即开放。由花粉囊散发出的成熟花粉粒，通过不同的媒介被传送到同朵花或不同花的柱头上，完成传粉。传粉是开花植物有性生殖的一个必要过程，各类花都具有与传粉媒介、传粉过程相适应的形态结构。通过对各类花的形态结构、传粉方式的观察，使学生掌握花的形态结构与传粉媒介的适应性特征。

【目的与要求】

(1)观察花的形态结构特征，探究其与对应传粉媒介的适应性特点。

(2)了解和掌握所选植物的传粉方式。

【材料与方法】

取校园内正在开花的植物，种类尽可能多，如杨柳科(垂柳、加拿大杨)、唇形科(一串红、风轮菜、益母草等)、蝶形花科(象牙红、刺桐、豌豆、蚕豆等)、禾本科(玉米、小麦、水稻、棒头草、知风草)、蔷薇科(蔷薇、海棠)、菊科(马兰、黄金菊、野菊、黄鹌菜、蒲儿根等)、桑科(小叶榕、黄葛树)、天南星科(海芋、犁头尖)等植物的花，用解剖镜(或用放大镜)观察其花的组成结构及区别，用花程式和花图式表示花的构成。把实验观察结果填入下表，根据观测结果，分析并初步判断各植物的传粉方式。

表1 花的各种形态结构特征及传粉方式

植物名称及所属科				
花序类型				
花冠形状				
花冠大小				
花被片数目				
花被片排列方式				

续表

植物名称及所属科				
花的对称性				
花的颜色				
花的气味				
花托形状				
雄蕊数目及类型				
花粉量				
雌蕊数目				
子房位置				
雌蕊和雄蕊位置关系				
有无蜜腺				
传粉方式及其适应性特点				

【思考题】

(1)观察校园内正在开花的植物,完成以上表格,并从花的形态结构详细说明不同类型花传粉的适应性特点。

(2)探讨不同植物的花形态结构的差异、盛花期时间与传粉媒介的关系。

(3)花的形态结构上的传粉适应性特征是如何形成的?

实验五

校园植物的调查研究

通常大学校园面积大，绿化好，栽培及自然生长的植物种类繁多。校园植物不仅能够美化环境，陶冶情操，还是我们植物学相关专业的最好学习资源。面对如此丰富而又方便的资源，我们必须要将它运用起来。我们要引导学生关注校园植物，一方面使学生能够把植物学理论的知识与实践快速联系起来，认识一定的校园内的植物，另一方面还有利于培养学生爱校荣校知校。

【目的与要求】

(1)通过对校园植物的调查研究，使学生了解常见校园植物的形态特征、分布和价值等。

(2)认识校园内的常见植物，尤其需要熟悉校树和校花。

(3)掌握植物的基本分类方法。

【材料与用品】

校园植物。

放大镜、镊子、铅笔、笔记本、检索表等。

【内容与方法】

1.校园植物形态特征的观察

为了保证实验的质量和效果，实验教师可根据学校的实际情况，在实验前把校园划分成几个区域，学生可分成多个小组对不同校园区域的植物(包括栽培及自然生长的植物)进行调查研究。

植物种类的识别、鉴定必须在严谨、细致的观察研究后进行。在对植物进行观察研究时，首先要观察清楚每一种植物的生长环境，然后再观察植物具体的形态结构特征。植物形态特征的观察应起始于根(或茎基部)，结束于花、果实或种子。先用眼睛进行整体观察，细微、重要部分须借助放大镜观察。特别是对花的观察、研究要极为细致、全面，从花柄开始，通过花萼、花冠、雄蕊，最后到雌蕊。必要时要对花进行解剖，分别做横切和纵切，观察花各部分的排列情况、子房的位置、组成雌蕊的心皮数目、子房室数及胎座类型等。只有这样，才能全面、系统地掌握植物的详细特征，才能正确、快速地识别和鉴定植物。

2. 校园植物种类的识别和鉴定

对校园内有挂牌，或特征明显、自己认识的植物可直接记录；不认识或不确定的植物可借助植物志进行检索和识别。把区域内的所有植物鉴定完成后，按照克朗奎斯特系统或恩格勒系统的排序制作植物名录，并列出科名。

3. 校园植物的归纳分类

在对校园植物识别、统计后，为全面了解、掌握校园内的植物资源情况，还须对它们进行归纳分类。分类的方式可根据自己的研究兴趣和校园植物具体情况进行选择。对植物进行归纳分类时要学会充分利用有关的参考文献。下面是几种常见的校园植物归纳分类方式。

（1）按植物形态特征分类：木本植物（乔木、灌木、木质藤本）和草本植物（一年生草本、二年生草本、多年生草本）。

（2）按植物类群分类：苔藓植物、蕨类植物、裸子植物、被子植物（双子叶植物、单子叶植物）。

（3）按经济价值分类：观赏植物、药用植物、食用植物、纤维植物、油脂植物、淀粉植物、材用植物、蜜源植物、鞣质植物和其他经济植物。

【思考题】

（1）观察所调查区域的校园植物，制作成植物名录，并对它们进行归纳分类。

（2）通过校园植物的调查、研究，谈谈你对学校绿化现状的意见和建议。

附 录

一 校园常见维管植物名录

科名	中文名	拉丁名	用途
蕨类植物			
卷柏科	伏地卷柏	*Selaginella nipponica* Franch.& Sav.	药用
	江南卷柏	*Selaginella moellendorffii* Hieron.	药用
木贼科	笔管草(亚种)	*Equisetum ramosissimum* subsp.*debile* (Roxb.ex Vauch.) Hauke	药用
	节节草	*Equisetum ramosissimum* Desf.	药用
海金沙科	海金沙	*Lygodium japonicum* (Thunb.) Sw.	药用
蕨科	蕨(变种)	*Pteridium aquilinum* (L.) Kuhn subsp. *latiusculum* (Desv.) Hulté	食用、药用
凤尾蕨科	凤尾蕨(变种)	*Pteris cretica* L.var. *nervosa* (Thunb.) Ching et S.H.Wu	药用、观赏
	井栏边草	*Pteris multifida* Poir.	观赏、药用
	蜈蚣草	*Pteris vittata* Linn.	药用
铁线蕨科	铁线蕨	*Adiantum capillus-veneris* L.	观赏、药用
金星蕨科	渐尖毛蕨	*Cyclosorus acuminatus* (Houtt.) Nakai	药用
铁角蕨科	巢蕨	*Neottopteris nidus* (L.) J.Sm.	食用、药用、园林
乌毛蕨科	狗脊	*Woodwardia japonica* (L.f.) Sm.	药用
鳞毛蕨科	贯众	*Cyrtomium fortunei* J.Sm.	药用
	镰羽贯众	*Cyrtomium balansae* (H.Christ) C.Chr.	药用
	红盖鳞毛蕨	*Dryopteris erythrosora* (D.C.Eaton) Kuntze	观赏
肾蕨科	肾蕨	*Nephrolepis auriculata* (L.) Trimen	园林、药用
水龙骨科	瓦韦	*Lepisorus thunbergianus* (Kaulf.) Ching	药用
苹科	苹	*Marsilea quadrifolia* L.	药用

续表

科名	中文名	拉丁名	用途
满江红科	满江红	*Azolla pinnata* R.Br.subsp.*asiatica* R.M.K.Saunders & K.Fowler	饲用
裸子植物			
苏铁科	四川苏铁	*Cycas szechuanensis* W.C.Cheng & L.K.Fu	观赏、食用、药用
	苏铁	*Cycas revoluta* Thunb.	药用、观赏
银杏科	银杏	*Ginkgo biloba* Linn.	食用、药用、园林、工业
松科	雪松	*Cedrus deodara* (Roxb.ex Lamb.) G.Don	园林、药用
杉科	柳杉	*Cryptomeria fortunei* Hooibr.ex Otto & Dietrich	药用、园林
	杉木	*Cunninghamia lanceolata* (Lamb.) Hook.	药用
	水杉	*Metasequoia glyptostroboides* Hu & W.C.Cheng	园林
柏科	侧柏	*Platycladus orientalis* (L.) Franco	园林、木材、药用
	铺地柏	*Sabina procumbens* (Siebold ex Endl.) Iwata & Kusaka	观赏
	塔柏(栽培变种)	*Sabina chinensis* 'Pyramidalis'	工业、园林、药用
	圆柏	*Sabina chinensis* (L.) Ant.	药用、园林
罗汉松科	罗汉松	*Podocarpus macrophyllus* (Thunb.) Sweet	器具、园林
	竹柏	*Podocarpus nagi* (Thunb.) Pilg	观赏、药用
红豆杉科	南方红豆杉(变种)	*Taxus chinensis* (Pilg.) Rehder var. *mairei* (Lemée & H.Lév.) W.C.Cheng & L.K.Fu	药用、观赏
被子植物			
杨柳科	钻天杨	*Populus nigra* L.var. *italica* Koehne	园林、药用
	垂柳	*Salix babylonica* L.	园林
	南川柳	*Salix rosthornii* Seemen	观赏、园林
	秋华柳	*Salix variegata* Franch.	观赏
胡桃科	胡桃	*Juglans regia* L.	食用、药用、木材、观赏
	化香树	*Platycarya strobilacea* Sieb.et Zucc.	园林、工业、药用
	枫杨	*Pterocarya stenoptera* C.DC.	观赏、药用
桦木科	桤木	*Alnus cremastogyne* Burkill	药用
榆科	朴树	*Celtis sinensis* Pers.	药用、工业、园林
	紫弹树	*Celtis biondii* Pamp.	药用
	垂枝榆	*Ulmus pumila* 'Tenue'	园林、观赏
	榔榆	*Ulmus parvifolia* Jacq.	药用、园林
大麻科	葎草	*Humulus scandens* (Lour.) Merr.	药用、饲料

续表

科名	中文名	拉丁名	用途
桑科	构树	*Broussonetia papyrifera* (L.) L'Hér.ex Vent.	饲用、药用
	藤构	*Broussonetia kaempferi* Siebold var. *australis* T.Suzuki	工业
	地果	*Ficus tikoua* Bur.	园林、食用、药用
	绿黄葛树	*Ficus virens* Aiton var. *sublanceolata* (Miq.) Corner	药用、食用
	菱叶冠毛榕	*Ficus gasparriniana* Miq.var. *laceratifolia* (Levl.et Vant.) Corner	观赏
	榕树	*Ficus microcarpa* L.f.	药用、观赏
	无花果	*Ficus carica* Linn.	药用、观赏
	薜荔	*Ficus pumila* Linn.	药用、食用、园林
	桑	*Morus alba* L.	园林、药用
荨麻科	楼梯草	*Elatostema involucratum* Franch.& Sav.	药用
	钮子瓜	*Zehneria maysorensis* (Wight & Arn.) Arn.	药用
	毛花点草	*Nanocnide lobata* Wedd.	药用
	翅茎冷水花	*Pilea subcoriacea* (Hand.-Mazz.) C.J.Chen	观赏
	花叶冷水花	*Pilea cadierei* Gagnep.	观赏
	冷水花	*Pilea notata* C.H.Wright	药用、观赏
	透茎冷水花	*Pilea pumila* (L.) A.Gray	药用
	小叶冷水花	*Pilea microphylla* (L.) Liebm.	药用、观赏
	红雾水葛	*Pouzolzia sanguinea* (Bl.) Merr.	药用
	荨麻	*Urtica fissa* E.Pritz.	药用、饲用、工业
山龙眼科	银桦	*Grevillea robusta* A.Cunn.ex R.Br.	药用、食用、观赏
	澳洲坚果	*Macadamia ternifolia* F.Muell.	药用
马兜铃科	细辛	*Asarum* sieboldii Miq.	药用
蓼科	硬枝野荞麦	*Fagopyrum urophyllum* (Bureau & Franch.) Gross	药用
	何首乌	*Fallopia multiflora* (Thunb.) Haraldson	药用
	丛枝蓼	*Polygonum posumbu* Buch.-Ham.ex D.Don	药用
	杠板归	*Polygonum perfoliatum* L.	药用
	红蓼	*Polygonum orientale* L.	药用、观赏
	火炭母	*Polygonum chinense* L.	药用
	尼泊尔蓼	*Polygonum nepalense* Meisn.	药用
	水蓼	*Polygonum hydropiper* L.	药用
	头花蓼	*Polygonum capitatum* Buch.-Ham.ex D.Don	药用

续表

科名	中文名	拉丁名	用途
	虎杖	*Reynoutria japonica* Houtt.	药用
	齿果酸模	*Rumex dentatus* L.	药用
	尼泊尔酸模	*Rumex nepalensis* Spreng.	药用
	网果酸模	*Rumex chalepensis* Mill.	药用
藜科	藜	*Chenopodium album* L.	食用、药用
	土荆芥	*Chenopodium ambrosioides* L.	药用
苋科	牛膝	*Achyranthes bidentata* Blume	药用
	喜旱莲子草	*Alternanthera philoxeroides* (Mart.) Griseb.	药用
	刺苋	*Amaranthus spinosus* L.	食用、药用
	绿穗苋	*Amaranthus hybridus* L.	药用、食用、饲用
	苋	*Amaranthus tricolor* L.	药用、食用、观赏
	鸡冠花	*Celosia cristata* L.	药用
	青葙	*Celosia argentea* L.	药用
马齿苋科	马齿苋	*Portulaca oleracea* L.	食用、药用
	土人参	*Talinum paniculatum* (Jacq.) Gaertn.	食用
石竹科	卷耳	*Cerastium arvense* L.	药用
	球序卷耳	*Cerastium glomeratum* Thuill.	药用
	石竹	*Dianthus chinensis* L.	药用、观赏
商陆科	垂序商陆	*Phytolacca americana* L.	药用
	商陆	*Phytolacca acinosa* Roxb.	食用
落葵科	落葵	*Basella alba* L.	观赏、食用、药用
睡莲科	莲	*Nelumbo nucifera* Gaertn.	园林、观赏
	睡莲	*Nymphaea tetragona* Georgi	园林
毛茛科	打破碗花花	*Anemone hupehensis* (Lemoine) Lemoine	药用
	毛茛	*Ranunculus japonicus* Thunb.	药用、观赏
	石龙芮	*Ranunculus sceleratus* L.	药用
	扬子毛茛	*Ranunculus sieboldii* Miq.	药用
小檗科	安坪十大功劳(亚种)	*Mahonia eurybracteata* Fedde subsp.*ganpinensis* (H.Lév.) Ying & Boufford	观赏
	阔叶十大功劳	*Mahonia bealei* (Fortune) Carrière	观赏、药用
	十大功劳	*Mahonia fortunei* (Lindl.) Fedde	园林、药用
	南天竹	*Nandina domestica* Thunb.	观赏、药用

续表

科名	中文名	拉丁名	用途
木兰科	鹅掌楸	*Liriodendron chinense* (Hemsl.) Sarg.	观赏、药用
	二乔玉兰	*Yulania* × *soulangeana* (Soul.–Bod.) D.L.Fu	观赏
	厚朴	*Magnolia officinalis* Rehder & E.H.Wilson	药用、观赏
	山玉兰	*Magnolia delavayi* Franch.	药用、园林
	夜香木兰	*Magnolia coco* (Lour.) DC.	药用、观赏
	玉兰	*Magnolia denudata* Desr.	药用、食用
	紫玉兰	*Magnolia liliiflora* Desr.	观赏
	红花木莲	*Manglietia insignis* (Wall.) Bl.	药用、观赏
	白兰	*Michelia* × *alba* DC.	园林
	含笑花	*Michelia figo* (Lour.) Spreng.	药用、观赏
	乐昌含笑	*Michelia chapensis* Dandy	食用、园林
	深山含笑	*Michelia maudiae* Dunn	园林、药用
蜡梅科	蜡梅	*Chimonanthus praecox* (L.) Link	园林、药用
樟科	天竺桂	*Cinnamomum japonicum* Siebold	园林、药用
	银木	*Cinnamomum septentrionale* Hand.–Mazz.	药用
	樟	*Cinnamomum camphora* (L.) J.Presl	药用、木材、观赏
	黑壳楠	*Lindera megaphylla* Hemsl.	观赏
	山胡椒	*Lindera glauca* (Siebold & Zucc.) Blume	化工、药用
	润楠	*Machilus pingii* W.C.Cheng ex Yen C.Yang	木材
	楠木	*Phoebe zhennan* S.K.Lee & F.N.Wei	药用、材用
罂粟科	尖距紫堇	*Corydalis sheareri* S.Moore	园林、药用
山柑科	鱼木	*Crateva formosensis* (Jacobs) B.S.Sun	观赏、药用、食用
十字花科	白菜	*Brassica rapa* var. *glabra* Regel	食用
	野甘蓝	*Brassica oleracea* L.	观赏、药用、食用
	羽衣甘蓝	*Brassica oleracea* var. *acephala* form.tricolor	食用、观赏
	芸苔	*Brassica rapa* var. *oleifera* de Candolle	药用
	碎米荠	*Cardamine hirsuta* L.	食用、药用
	诸葛菜	*Orychophragmus violaceus*	观赏
	萝卜	*Raphanus sativus* L.	食用、药用
	蔊菜	*Rorippa indica* (L.) Hiern	食用、药用
景天科	落地生根	*Bryophyllum pinnatum* (Lam.) Oken	园艺、药用
	长寿花	*Kalanchoe blossfeldiana*	观赏

续表

科名	中文名	拉丁名	用途
	凹叶景天	*Sedum emarginatum* Migo	园林、药用
	垂盆草	*Sedum sarmentosum* Bunge	药用
	佛甲草	*Sedum lineare* Thunb.	药用、园林
	细叶景天	*Sedum elatinoides* Franch.	药用
虎耳草科	绣球	*Hydrangea macrophylla* (Thunb.) Ser.	药用、观赏
	虎耳草	*Saxifraga stolonifera* Curtis	药用
海桐科	海桐	*Pittosporum tobira* (Thunb.) Ait.	园林、观赏、药用
金缕梅科	蚊母树	*Distylium racemosum* Sieb.& Zucc.	园林
	杨梅叶蚊母树	*Distylium myricoides* Hemsl.	园林
	枫香树	*Liquidambar formosana* Hance	药用、园林
	红花檵木	*Loropetalum chinense* (R.Br.) Oliv.var. *rubrum* Yieh	观赏
	檵木	*Loropetalum chinense* (R.Br.) Oliv.	观赏
悬铃木科	英国梧桐	*Platanus acerifolia* Willd.	木材
蔷薇科	龙芽草	*Agrimonia pilosa* Ledeb.	药用
	碧桃	*Amygdalus persica* L.'Duplex'	观赏
	桃	*Amygdalus persica* L.	药用、食用、观赏
	梅	*Armeniaca mume* Siebold	观赏、药用
	杏	*Armeniaca vulgaris* Lam.	食用、观赏
	日本晚樱	*Cerasus serrulata* (Lindl.) G.Don ex London var. *lannesiana* (Carri.) Makino	观赏、药用、食用
	樱桃	*Cerasus pseudocerasus* (Lindl.) Loudon	食用、医用
	皱皮木瓜	*Chaenomeles speciosa* (Sweet) Nakai	观赏、食用、药用
	蛇莓	*Duchesnea indica* (Andrews) Focke	药用
	枇杷	*Eriobotrya japonica* (Thunb.) Lindl.	食用、药用
	草莓	*Fragaria × ananassa* (Weston) Duchesne	药用、食用
	垂丝海棠	*Malus halliana* Koehne	药用、园林、食用
	湖北海棠	*Malus hupehensis* (Pamp.) Rehder	观赏
	苹果	*Malus pumila* Mill.	观赏、食用
	红叶石楠	*Photinia × fraseri* Dress	观赏、药用
	石楠	*Photinia serrulata* Lindl.	观赏、药用
	李	*Prunus salicina* Lindl.	药用、食用
	紫叶李	*Prunus cerasifera* Ehrhart 'Atropurpurea'	观赏

续表

科名	中文名	拉丁名	用途
	火棘	*Pyracantha fortuneana*（Maxim.）H.L.Li	药用、食用、园林
	沙梨	*Pyrus pyrifolia*（Burm.f.）Nakai	食用、药用
	七姊妹	*Rosa multiflora* Thunb.var. *carnea* Thory	观赏
	野蔷薇	*Rosa multiflora* Thunb.	园林、食用、药用
	月季花	*Rosa chinensis* Jacq.	园林、药用
	麻叶绣线菊	*Spiraea cantoniensis* Lour.	园林、药用
含羞草科	合欢	*Albizia julibrissin* Durazz.	药用
云实科	红花羊蹄甲	*Bauhinia* × *blakeana* Dunn	观赏、药用
	双荚决明	*Senna bicapsularis* L.	药用、食用
	紫荆	*Cercis chinensis* Bunge	园林、药用、观赏
蝶形花科	刺桐	*Erythrina variegata* L.	药用、园林
	龙牙花	*Erythrina corallodendron* L.	观赏
	常春油麻藤	*Mucuna sempervirens* Hemsl.	药用、园林
	豌豆	*Pisum sativum* L.	药用、食用
	刺槐	*Robinia pseudoacacia* L.	园林、药用、观赏
	槐	*Sophora japonica* L.	园林、药用、观赏
	龙爪槐	*Sophora japonica* ‘Pendula’Hort	园林、药用、观赏
	白车轴草	*Trifolium repens* L.	观赏、药用、饲用
	蚕豆	*Vicia faba* L.	药用、食用
	广布野豌豆	*Vicia cracca* L.	园林
	救荒野豌豆	*Vicia sativa* L.	药用、绿肥、饲用
	四籽野豌豆	*Vicia tetrasperma*（L.）Schreb.	药用、食用
	紫藤	*Wisteria sinensis*（Sims）Sweet	观赏、药用、食用
酢浆草科	酢浆草	*Oxalis corniculata* L.	药用
	红花酢浆草	*Oxalis corymbosa* DC.	观赏、药用
	黄花酢浆草	*Oxalis pes-caprae* L.	观赏
	紫叶酢浆草	*Oxalis triangularis* ‘Urpurea’	观赏
旱金莲科	旱金莲	*Tropaeolum majus* L.	园林、药用、观赏
芸香科	柑橘	*Citrus reticulata* Blanco	食用、药用
	柚	*Citrus maxima*（Burm.）Merr.	食用
	枳	*Poncirus trifoliata*（L.）Raf.	药用、观赏
	竹叶花椒	*Zanthoxylum armatum* DC.	药用

续表

科名	中文名	拉丁名	用途
苦木科	苦树	*Picrasma quassioides*（D.Don）Benn.	药用、观赏
楝科	米仔兰	*Aglaia odorata* Lour.	药用、园林
	川楝	*Melia toosendan* Siebold & Zucc.	药用
	楝	*Melia azedarach* L.	药用、观赏
	香椿	*Toona sinensis*（Juss.）M.Roem.	观赏、食用、药用
大戟科	铁苋菜	*Acalypha australis* L.	药用、食用
	秋枫	*Bischofia javanica* Bl.	观赏、药用
	重阳木	*Bischofia polycarpa*（H.Lév.）Airy Shaw	园林、观赏
	变叶木	*Codiaeum variegatum*（L.）Rumph.ex A.Juss.	观赏、药用
	斑地锦	*Euphorbia maculata* L.	药用
	一品红	*Euphorbia pulcherrima* Willd.ex Klotzsch	观赏
	泽漆	*Euphorbia helioscopia* L.	药用
	红背桂	*Excoecaria cochinchinensis* Lour.	观赏
	粗糠柴	*Mallotus philippensis*（Lam.）Muell.Arg.	药用
	毛桐	*Mallotus barbatus*（Wall.）Muell.Arg.	工业
	野桐(变种)	*Mallotus japonicus* Arg.var.*floccosus*	工业
	叶下珠	*Phyllanthus urinaria* L.	药用
	蓖麻	*Ricinus communis* L.	药用、工业
	乌桕	*Sapium sebiferum*（L.）Roxb.	药用、工业、园林
	油桐	*Vernicia fordii*（Hemsl.）Airy Shaw	药用、工业
黄杨科	雀舌黄杨	*Buxus bodinieri* H.Lév.	观赏、药用
漆树科	盐肤木	*Rhus chinensis* Mill.	工业、药用
	野漆	*Toxicodendron succedaneum*（L.）Kuntze	工业
卫矛科	冬青卫矛	*Euonymus japonicus* Thunb.	园林
	金边冬青卫矛	*Euonymus japonicus*‘Aureo-marginatus’	园林
槭树科	鸡爪槭	*Acer palmatum* Thunb.	药用、观赏
	三角槭	*Acer buergerianum* Miq.	药用、观赏
无患子科	龙眼	*Dimocarpus longan* Lour.	药用
	复羽叶栾树	*Koelreuteria bipinnata* Franch.	药用、园林
	荔枝	*Litchi chinensis* Sonn.	食用
	无患子	*Sapindus mukorossi* Gaertn.	药用、园林
凤仙花科	凤仙花	*Impatiens balsamina* L.	药用、观赏

续表

科名	中文名	拉丁名	用途
葡萄科	三裂蛇葡萄	*Ampelopsis delavayana* Planch.	药用
	乌蔹莓	*Cayratia japonica* (Thunb.) Gagnep.	药用
	地锦	*Parthenocissus tricuspidata* (Siebold & Zucc.) Planch.	药用
	三叶崖爬藤	*Tetrastigma hemsleyanum* Diels & Gilg	药用
	葡萄	*Vitis vinifera* L.	食用、药用
杜英科	杜英	*Elaeocarpus decipiens* Hemsl.	园林
锦葵科	蜀葵	*Althaea rosea* (L.) Cavan.	药用、观赏
	吊灯扶桑	*Hibiscus schizopetalus* (Masters) Hook.F.	观赏
	木芙蓉	*Hibiscus mutabilis* L.	药用、观赏
	木槿	*Hibiscus syriacus* L.	药用、食用
	冬葵	*Malva crispa* L.	药用、观赏、食用
	垂花悬铃花(变种)	*Malvaviscus arboreus* Cav.var. *penduliflorus*	观赏
梧桐科	梧桐	*Firmiana platanifolia* (L.f.) Marsili	药用、观赏
山茶科	山茶	*Camellia japonica* L.	药用、观赏
	陕西短柱茶	*Camellia shensiensis* Hung T.Chang	观赏
堇菜科	浅圆齿堇菜	*Viola schneideri* W.Beck.	药用
	三色堇	*Viola tricolor* L.	药用、观赏
	紫花地丁	*Viola philippica* Cav.	观赏、食用
大风子科	柞木	*Xylosma racemosa* (Sieb.& Zucc.) Miq.	观赏
秋海棠科	四季秋海棠	*Begonia semperflorens* Link et Otto	观赏
仙人掌科	仙人球	*Echinopsis multiplex* (Pfeiff.) Zucc.	观赏
	昙花	*Epiphyllum oxypetalum* (DC.) Haw.	药用、观赏
	令箭荷花	*Nopalxochia ackermannii* (Haw.) F.M.Kunth.	药用、园林
	仙人掌	*Opuntia stricta* (Haw.) Haw.var. *dillenii* (Ker Gawl.) L. D.Benson	药用、食用
	蟹爪兰	*Schlumbergera truncata* (Haw.) Moran	观赏
千屈菜科	萼距花	*Cuphea hookeriana* Walp.	观赏
	紫薇	*Lagerstroemia indica* L.	药用、园林
蓝果树科	喜树	*Camptotheca acuminata* Decne.	药用、观赏
八角枫科	八角枫	*Alangium chinense* (Lour.) Harms	药用
石榴科	石榴	*Punica granatum* L.	药用、观赏
使君子科	使君子	*Quisqualis indica* L.	药用

续表

科名	中文名	拉丁名	用途
桃金娘科	红千层	*Callistemon rigidus* R.Br.	药用
	桉	*Eucalyptus robusta* Smith	药用
	蓝桉	*Eucalyptus globulus* Labill.	药用、观赏
	长叶白千层	*Melaleuca leucadendra* L.	药用、食用
	蒲桃	*Syzygium jambos*（L.）Alston	药用、食用
	四川蒲桃	*Syzygium sichuanense* Hung T.Chang & R.H.Miao	食用
柳叶菜科	倒挂金钟	*Fuchsia hybrida* hort.ex Siebert & Voss	观赏
五加科	黄毛楤木	*Aralia chinensis* L.	药用
	常春藤	*Hedera nepalensis* K.Koch var. *sinensis*（Tobler）Rehder	观赏
	鹅掌柴	*Schefflera octophylla*（Lour.）Harms	观赏
	八角金盘	*Fatsia japonica*（Thunb.）Decne.et Planch.	药用、观赏
伞形科	细叶旱芹	*Apium leptophyllum*（Pers.）F.Muell.ex Benth.	食用
	积雪草	*Centella asiatica*（L.）Urb.	药用、食用
	芫荽	*Coriandrum sativum* L.	药用、食用
	鸭儿芹	*Cryptotaenia japonica* Hassk.	药用、食用
	野胡萝卜	*Daucus carota* L.	药用
	红马蹄草	*Hydrocotyle nepalensis* Hook.	药用
	天胡荽	*Hydrocotyle sibthorpioides* Lam.	药用
	窃衣	*Torilis scabra*（Thunb.）DC.	药用
山茱萸科	花叶青木	*Aucuba japonica* Thunb.var. *variegata* Dombr.	观赏
	灯台树	*Bothrocaryum controversum*	药用
	梾木	*Cornus macrophylla*（Wall.）Sojak	药用、观赏
杜鹃花科	白花杜鹃	*Rhododendron mucronatum*（Bl.）G.Don	观赏
	杜鹃	*Rhododendron simsii* Planch.	观赏
紫金牛科	铁仔	*Myrsine africana* L.	药用
报春花科	仙客来	*Cyclamen persicum* Mill.	药用
	过路黄	*Lysimachia christiniae* Hance	药用
	海仙花	*Weigela coraeensis* Thunb.	药用、观赏
柿科	乌柿	*Diospyros cathayensis* Steward	药用、食用
马钱科	大叶醉鱼草	*Buddleja davidii* Franch.	药用
	灰莉	*Fagraea ceilanica* Thunb.	观赏

续表

科名	中文名	拉丁名	用途
木樨科	金钟花	*Forsythia viridissima* Lindl.	药用
	茉莉花	*Jasminum sambac* (L.) Aiton	药用、观赏
	素馨花	*Jasminum grandiflorum* L.	药用、观赏
	迎春花	*Jasminum nudiflorum* Lindl.	药用、观赏
	金叶女贞	*Ligustrum* × *vicaryi* Hort.	观赏
	女贞	*Ligustrum lucidum* W.T.Aiton	药用、观赏
	小蜡	*Ligustrum sinense* Lour.	药用、观赏
	小叶女贞	*Ligustrum quihoui* Carrière	药用、观赏
	木樨	*Osmanthus fragrans* (Thunb.) Lour.	药用、观赏
夹竹桃科	长春花	*Catharanthus roseus* (L.) G.Don	药用
	白花夹竹桃(变种)	*Nerium oleander* 'Paihua'	药用、观赏
	夹竹桃	*Nerium indicum* Mill.	药用、观赏
	络石	*Trachelospermum jasminoides* (Lindl.) Lem.	药用、观赏
	花叶蔓长春花	*Vinca major* 'Variegata'	药用、观赏
旋花科	打碗花	*Calystegia hederacea* Wall.	药用
	菟丝子	*Cuscuta chinensis* Lam.	药用
	马蹄金	*Dichondra repens* J.R.Forst.& G.Forst.	药用、观赏
	牵牛	*Pharbitis nil* (L.) Choisy	药用
紫草科	附地菜	*Trigonotis peduncularis* (Trevis.) Benth. ex Baker & S. Moore	药用
马鞭草科	臭牡丹	*Clerodendrum bungei* Steud.	观赏、药用
	假连翘	*Duranta repens* L.	药用、观赏
	马缨丹	*Lantana camara* L.	园林、药用
	马鞭草	*Verbena officinalis* L.	药用
	黄荆	*Vitex negundo* L.	药用、观赏
	牡荆	*Vitex negundo* L. var. *cannabifolia* (Siebold & Zucc.) Hand.-Mazz.	药用、观赏
唇形科	藿香	*Agastache rugosa* (Fisch.& C.A.Mey.) Kuntze	园林、食用、药用
	风轮菜	*Clinopodium chinense* (Benth.) Kuntze	药用、食用
	五彩苏	*Coleus scutellarioides* (L.) Benth.	观赏、药用
	活血丹	*Glechoma longituba* (Nakai) Kuprian.	药用
	夏至草	*Lagopsis supina* (Stephan ex Willd.) Ikonn. - Gal. ex Knorring	药用

续表

科名	中文名	拉丁名	用途
	益母草	*Leonurus artemisia* (Lour.) S.Y.Hu	药用
	薄荷	*Mentha haplocalyx* Briq.	食用、药用
	石荠苎	*Mosla scabra* (Thunb.) C.Y.Wu & H.W.Li	药用
	紫苏	*Perilla frutescens* (L.) Britton	药用、食用、观赏
	夏枯草	*Prunella vulgaris* L.	药用
	一串红	*Salvia splendens* Ker Gawl.	观赏
	紫萼秦岭香科科	*Teucrium tsinlingense* C.Y.Wu & S.Chow var. *porphyreum* C.Y.Wu & S.Chow	药用
茄科	鸳鸯茉莉	*Brunfelsia latifolia* Benth.	观赏
	夜香树	*Cestrum nocturnum* L.	观赏
	木本曼陀罗	*Datura arborea* L.	观赏、药用
	假酸浆	*Nicandra physalodes* (L.) Gaertn.	园艺、药用、食用
	烟草	*Nicotiana tabacum* L.	药用、经济
	碧冬茄	*Petunia* × *hybrida* hort.ex Vilm.	观赏
	白英	*Solanum lyratum* Thunb.	药用
	喀西茄	*Solanum khasianum* C.B.Clarke	食用
	珊瑚樱	*Solanum pseudocapsicum* L.	观赏、药用
玄参科	通泉草	*Mazus japonicus* (Thunb.) Kuntze	药用
	白花泡桐	*Paulownia fortunei* (Seem.) Hemsl.	观赏、药用
	阿拉伯婆婆纳	*Veronica persica* Poir.	药用、观赏
	婆婆纳	*Veronica didyma* Ten.	药用、园林
	水苦荬	*Veronica undulata* Wall.	药用
紫葳科	蓝花楹	*Jacaranda mimosifolia* D.Don	观赏
爵床科	蛤蟆花	*Acanthus mollis* L.	药用
	爵床	*Rostellularia procumbens* (L.) Nees	药用
车前科	车前	*Plantago asiatica* L.	食用、药用
茜草科	拉拉藤(变种)	*Galium aparine* L.var. *echinospermum*	药用
	雀舌栀子	*Gardenia jasminoides* 'Radicans'	观赏
	狭叶栀子	*Gardenia stenophylla* Merr.	药用、观赏
	栀子	*Gardenia jasminoides* J.Ellis	药用
	鸡矢藤	*Paederia scandens* (Lour.) Merr.	药用
	茜草	*Rubia cordifolia* L.	药用

续表

科名	中文名	拉丁名	用途
	六月雪	*Serissa japonica* (Thunb.) Thunb.	观赏药用
	金边六月雪	*Serissa japonica* 'Aureo-marginatus'	观赏
忍冬科	六道木	*Abelia biflora* Turcz.	观赏
	忍冬	*Lonicera japonica* Thunb.	药用
	接骨草	*Sambucus chinensis* Lindl.	药用
	金佛山荚蒾	*Viburnum chinshanense* Graebn.	观赏
	日本珊瑚树(变种)	*Viburnum odoratissimum* Ker Gawl.var. *awabuki*	园林
	锦带花	*Weigela florida* (Bunge) A.DC.	园林
葫芦科	南瓜	*Cucurbita moschata* (Duchesne ex Lam.) Duchesne ex Poir.	药用、食用
	赤瓟	*Thladiantha dubia* Bunge	药用
	栝楼	*Trichosanthes kirilowii* Maxim.	药用
	钮子瓜	*Zehneria maysorensis* (Wight & Arn.) Arn.	药用
菊科	藿香蓟	*Ageratum conyzoides* L.	观赏、药用
	艾	*Artemisia argyi* H.Lév.& Vaniot	药用、食用
	黄花蒿	*Artemisia annua* L.	药用
	三脉紫菀	*Aster ageratoides* Turcz.	药用
	钻叶紫菀	*Aster subulatus* Michx.	药用
	白花鬼针草	*Bidens pilosa* L.var. *radiata* Sch.-Bip.	药用
	鬼针草	*Bidens pilosa* L.	药用
	烟管头草	*Carpesium cernuum* L.	药用
	白酒草	*Conyza japonica* (Thunb.) Less.	药用
	香丝草	*Conyza bonariensis* (L.) Cronq.	药用
	野茼蒿	*Crassocephalum crepidioides* (Benth.) S.Moore	药用
	大丽花	*Dahlia pinnata* Cav.	观赏、药用
	菊花	*Dendranthema morifolium* (Ramat.) Tzvel.	药用
	野菊	*Dendranthema indicum* (L.) Des Moul.	观赏、药用
	鱼眼草	*Dichrocephala auriculata* (Thunb.) Druce	药用
	鳢肠	*Eclipta prostrata* (L.) L.	药用
	一年蓬	*Erigeron annuus* (L.) Pers.	药用
	黄金菊	*Euryops pectinatus* 'Viridis'	观赏
	牛膝菊	*Galinsoga parviflora* Cav.	药用

续表

科名	中文名	拉丁名	用途
	鼠曲草	*Gnaphalium affine* D.Don	药用
	菊芋	*Helianthus tuberosus* L.	药用
	抱茎小苦荬	*Ixeridium sonchifolium* (Maxim.) Shih	观赏、药用
	小苦荬	*Ixeridium dentatum* (Thunb.) Tzvel.	药用
	中华小苦荬	*Ixeridium chinense* (Thunb.) Tzvel.	药用
	苦荬菜	*Ixeris polycephala* Cass.	药用
	马兰	*Kalimeris indica* (L.) Sch.-Bip.	药用
	山莴苣	*Lagedium sibiricum* (L.) Sojak	观赏、药用
	瓜叶菊	*Pericallis hybrida* (Regel) B.Nord.	观赏
	千里光	*Senecio scandens* Buch.-Ham.ex D.Don	药用
	蒲儿根	*Sinosenecio oldhamianus* (Maxim.) B.Nord.	药用
	孔雀草	*Tagetes patula* L.	药用、园林
	万寿菊	*Tagetes erecta* L.	观赏、食用、药用
	蒲公英	*Taraxacum mongolicum* Hand.-Mazz.	药用、食用
	苍耳	*Xanthium sibiricum* Patrin ex Widder	药用
	黄鹌菜	*Youngia japonica* (L.) DC.	药用
	百日菊	*Zinnia elegans* Jacq.	药用、园林
禾本科	剪股颖	*Agrostis matsumurae* Hack.ex Honda	观赏
	看麦娘	*Alopecurus aequalis* Sobol.	药用
	荩草	*Arthraxon hispidus* (Thunb.) Makino	药用
	芦竹	*Arundo donax* L.	药用
	野燕麦	*Avena fatua* L.	饲用
	凤尾竹	*Bambusa multiplex* 'Fernleaf' R.A.Young	园林
	佛肚竹	*Bambusa ventricosa* McClure	园林、药用
	黄金间碧竹	*Bambusa vulgaris* 'Vittata' McClure	观赏
	小琴丝竹(栽培型)	*Bambusa multiplex* 'Alphonse-Karr' R.A.Young	观赏
	孝顺竹	*Bambusa multiplex*	药用、观赏
	硬头黄竹	*Bambusa rigida* Keng et Keng f.	观赏、工业
	狗牙根	*Cynodon dactylon* (L.) Pers.	药用
	马唐	*Digitaria sanguinalis* (L.) Scop.	药用、饲用
	紫马唐	*Digitaria violascens* Link	饲用
	稗	*Echinochloa crusgalli* (L.) P.Beauv.	饲用

续表

科名	中文名	拉丁名	用途
	牛筋草	*Eleusine indica*（L.）Gaertn.	药用
	知风草	*Eragrostis ferruginea*（Thunb.）Beauv.	药用
	牛鞭草	*Hemarthria altissima*（Poir.）Stapf & C.E.Hubb.	饲用
	淡竹叶	*Lophatherum gracile* Brongn.	药用
	芒	*Miscanthus sinensis* Andersson	观赏、工业
	慈竹	*Neosinocalamus affinis*（Rendle）Keng f.	药用、工业、观赏
	竹叶草	*Oplismenus compositus*（L.）P.Beauv.	药用
	雀稗	*Paspalum thunbergii* Kunth ex steud.	饲用
	芦苇	*Phragmites australis*（Cav.）Trin.ex Steud.	园林
	桂竹	*Phyllostachys bambusoides* Sieb.et Zucc.	药用、观赏
	早熟禾	*Poa annua* L.	药用
	棒头草	*Polypogon fugax* Nees ex Steud.	饲用
	鹅观草	*Roegneria kamoji*（Ohwi）Keng & S.L.Chen	饲用
	狗尾草	*Setaria viridis*（L.）P.Beauv.	饲用、药用
	金色狗尾草	*Setaria glauca*（L.）P.Beauv.	饲用
	棕叶狗尾草	*Setaria palmifolia*（J.König）Stapf	饲用、药用
	玉蜀黍	*Zea mays* L.	药用
	细叶结缕草	*Zoysia tenuifolia* Willd.ex Trin.	饲用、观赏
莎草科	风车草	*Cyperus alternifolius* L.	观赏
	香附子	*Cyperus rotundus* L.	药用
	短叶水蜈蚣	*Kyllinga brevifolia* Rottb.	药用
	砖子苗	*Mariscus umbellatus* Vahl	药用
棕榈科	假槟榔	*Archontophoenix alexandrae*（F. Muell.） H. Wendl. & Drude	观赏
	董棕	*Caryota urens* L.	观赏
	鱼尾葵	*Caryota ochlandra* Hance	观赏、工业、医药
	袖珍椰子	*Chamaedorea elegans* Mart.	居家、观赏
	散尾葵	*Chrysalidocarpus lutescens* H.Wendl.	药用、园林
	蒲葵	*Livistona chinensis*（Jacq.）R.Br.	药用、园林
	刺葵	*Phoenix hanceana* Naud.	工业、园林
	矮棕竹	*Rhapis humilis* Bl.	观赏
	棕竹	*Rhapis excelsa*（Thunb.）Henry ex Rehd.	药用、园艺

续表

科名	中文名	拉丁名	用途
	棕榈	*Trachycarpus fortunei* (Hook.) H.Wendl.	药用、园林、工业
天南星科	菖蒲	*Acorus calamus* L.	药用、观赏
	石菖蒲	*Acorus tatarinowii* Schott	药用
	广东万年青	*Aglaonema modestum* Schott ex Engl.	药用、观赏
	海芋	*Alocasia macrorrhizos* (L.) Schott	观赏、药用
	磨芋	*Amorphophallus rivieri* Durand ex Carrière	食用、药用
	大野芋	*Colocasia gigantea* (Blume) Hook.f.	药用
	芋	*Colocasia esculenta* (L.) Schott	食用、药用
	绿萝	*Epipremnum aureum* (Linden & André) G.S.Bunting	观赏
	龟背竹	*Monstera deliciosa* Liebm.	观赏、食用
	春羽	*Philodendron selloum* C.Koch	观赏
	半夏	*Pinellia ternata* (Thunb.) Ten.ex Breitenb.	药用
	大薸	*Pistia stratiotes* L.	饲用、药用、园林
	犁头尖	*Typhonium divaricatum* Blume	药用
	马蹄莲	*Zantedeschia aethiopica* (L.) Spreng.	药用、观赏
鸭跖草科	鸭跖草	*Commelina communis* L.	药用
	紫鸭跖草	*Setereasea pallida* Rose 'Purple Heart'	观赏
	吊竹梅	*Tradescantia zebrina* Bosse	药用、观赏
	白花紫露草	*Tradescantia fluminensis* Vell.	园林、药用
雨久花科	梭鱼草	*Pontederia cordata* L.	园林、观赏
百合科	芦荟	*Aloe vera* (L.) Burm.f.var. *chinensis* (Haw.) A.Berger	药用、保健
	天门冬	*Asparagus cochinchinensis* (Lour.) Merr.	药用
	文竹	*Asparagus setaceus* (Kunth) Jessop	药用、观赏
	丛生蜘蛛抱蛋	*Aspidistra caespitosa* C.Pei	园林、药用
	棕叶草	*Aspidistra oblanceifolia* F.T.Wang et K.L.Lang	食用、药用
	吊兰	*Chlorophytum comosum* (Thunb.) Baker	药用、观赏
	金边吊兰	*Chlorophytum comosum* 'Vittatum'	观赏
	金心吊兰	*Chlorophytum comosum* 'Picturatum'	药用、观赏
	朱蕉	*Cordyline fruticosa* (L.) A.Chev.	观赏
	黄花菜	*Hemerocallis citrina* Baroni	观赏、食用、药用
	萱草	*Hemerocallis fulva* (L.) L.	药用、观赏
	玉簪	*Hosta plantaginea* (Lam.) Asch.	药用、园林

续表

科名	中文名	拉丁名	用途
	百合(变种)	*Lilium brownii* F.E.Br.ex Miellez var. *viridulum*	观赏、药用
	金边麦冬	*Liriope muscari* var. *variegata*	园林
	麦冬	*Ophiopogon japonicus* (Thunb.) Ker Gawl.	药用、观赏
	沿阶草	*Ophiopogon bodinieri* H.Lév.	医药、园林
	吉祥草	*Reineckia carnea* (Andr.) Kunth	园林、药用
	万年青	*Rohdea japonica* (Thunb.) Roth	药用、观赏
石蒜科	君子兰	*Clivia miniata* Regel	观赏、药用
	文殊兰	*Crinum asiaticum* L.var. *sinicum* (Roxb.ex Herb.) Baker	药用、观赏
	大叶仙茅	*Curculigo capitulata* (Lour.) O.Ktze.	观赏、药用
	朱顶红	*Hippeastrum rutilum* (Ker-Gawl.) Herb.	观赏
	水鬼蕉	*Hymenocallis littoralis* (Jacq.) Salisb.	观赏、药用
	石蒜	*Lycoris radiata* (L'Hér.) Herb.	园艺、药用
	水仙	*Narcissus tazetta* var. *chinensis* M.Roem.	观赏、药用
	葱莲	*Zephyranthes candida* (Lindl.) Herb.	药用、观赏
	韭莲	*Zephyranthes grandiflora* Lindl.	观赏、药用
薯蓣科	黄独	*Dioscorea bulbifera* L.	医药
	薯蓣	*Dioscorea opposita* Thunb.	药用、食用
鸢尾科	蝴蝶花	*Iris japonica* Thunb.	药用
龙舌兰科	凤尾丝兰	*Yucca gloriosa* L.	园林、观赏、药用
	丝兰	*Yucca smalliana* Fernald	观赏、园林
芭蕉科	芭蕉	*Musa basjoo* Siebold & Zucc.ex Iinuma	食用、观赏、药用
姜科	山姜	*Alpinia japonica* (Thunb.) Miq.	药用
	艳山姜	*Alpinia zerumbet* (Pers.) Burtt.& Smith	药用、观赏
美人蕉科	大花美人蕉	*Canna generalis* L.H.Bailey & E.Z.Bailey	园林、环境
	蕉芋	*Canna edulis* Ker Gawl.	观赏、食用、工业、药用
	美人蕉	*Canna indica* L.	医药、工业、观赏
	柔瓣美人蕉	*Canna flaccida* Salisb.	园林
兰科	春兰	*Cymbidium goeringii* (Rchb.f.) Rchb.f.	观赏
	虎头兰	*Cymbidium hookerianum* Rchb.f.	观赏
	石斛	*Dendrobium nobile* Lindl.	药用、食用
	蝴蝶兰	*Phalaenopsis aphrodite* Rchb.f.	观赏

二　实验室常用试剂及其配置方法

1.固定液

(1)福尔马林-醋酸-酒精固定液(FAA固定液,又称“标准固定液”或“万能固定液”)

配方:50%或70%酒精90mL+冰醋酸5mL+福尔马林(38%甲醛)5mL(软材料用50%的酒精,硬材料用70%酒精配制)

此固定液可固定一般组织,但用于细胞学的效果较差。

特点:称“标准固定液”或“万能固定液”,是组织形态中常用的固定液;同时是十分优良的保存剂,材料在此液中可长期保存。

(2)福尔马林-丙酸-酒精固定液(FPA固定液)

配方: 70%酒精90mL+丙酸5mL+福尔马林5mL

用于固定一般的植物材料,通常固定24h,效果比FAA好,并可长期保存。

(3)福尔马林-丙酸-氯仿固定液(卡诺氏固定液)

配方一:无水乙醇3份+冰醋酸1份

配方二:无水乙醇6份+冰醋酸1份+氯仿3份

可用作植物组织和细胞的固定。一般固定12-24h,有的可缩短,例如根尖固定15min,花药固定1h。

特点:为渗透迅速的固定液。

(4)酒精-醋酸固定液

可固定植物组织和细胞材料。

配方: 95%酒精1-3份+冰醋酸1份

(5)酒精-甲醛固定液

配方:甲醛6-10mL+70%酒精100mL

可固定植物的一般组织,尤其用于在柱头中萌发的花粉管的固定。固定后的材料,立即用作观察。通常固定24h,可长久保存。

(6)铬酸-醋酸固定液

配方:三氯化铬1g+冰醋酸1mL+蒸馏水100mL

可固定藻类、菌类、藓类的原叶体等。固定12-24h,此液不作保存液。

(7)氯化汞-锇酸固定液

配方:2.5%氯化汞水溶液4份+2%锇酸1份

此液一般可用以固定线粒体,固定12-24h,水洗。

(8)甘油-酒精软化剂

配方:甘油1份+50%或70%酒精1份

适用于木材的软化,将木质化的根、茎等材料排除空气后浸入软化液中,至少一周或更长时间,也可将材料保存于其中备用。

(9)铬酸-硝酸离析液

配方:10mL铬酸+10mL浓硝酸,两种液体等量混合均匀后使用,铬酸为三氯化铬的水溶液。

适用于对导管、管胞、纤维等木质化的组织解离时使用。

(10)盐酸-酒精固定离析液

将浓盐酸和95%酒精等量混合后备用,一般用于离析根尖细胞。

2.常用清洁剂

将乙醚和乙醇按照7:3混合,装入滴瓶备用。用于擦拭显微镜镜头上油迹和污垢等(注意瓶口必须塞紧,以免挥发)。

3.脱水剂

酒精是最常用的脱水剂。组织材料脱水时,必须从低浓度逐渐向高浓度移动,最后到无水乙醇,就可将材料中水分脱完。

实验室中最常用各级浓度梯度的酒精,如20%、40%、60%、75%、85%、95%。脱水剂常用95%酒精加蒸馏水配制而成。

4.透明剂

切片在非石蜡溶剂(如酒精、丙酮)中脱水后,一定要经过透明剂透明,才能浸蜡包埋或在树胶中封藏。

二甲苯是最常用的透明剂,透明作用迅速,能溶于醇及醚,能溶解石蜡,可与封固剂混合,但不溶于水,为了避免材料收缩,在纯酒精或丙酮脱水后,应逐步从酒精过渡到二甲苯中,即:2/3纯酒精+1/3二甲苯→1/2纯酒精+1/2二甲苯→1/3纯酒精+2/3二甲苯→纯二甲苯。

5.染色剂

(1)番红染液:碱性染料。适用于染木化、角化、栓化的细胞壁,对细胞核中染色质、染色体和花粉外壁等都可染成鲜艳的红色。在植物组织制片中常与固绿配合进行对染,是最常用的染色剂之一。

其配方如下:

①番红水溶液:0.1g或1g番红溶于100mL蒸馏水中。

②番红酒精溶液:0.5g或1g番红溶于100mL 50%(或95%)酒精中。

(2)固绿染液:又称快绿溶液,酸性染料。能将细胞质,纤维素细胞壁染成鲜艳绿色,着色很快。在植物组织制片中常与番红配合进行对染,是最常用的染色剂之一。

配方:取0.1g固绿溶于100mL 95%酒精中。

(3)碘-碘化钾(I_2-KI)溶液:能将淀粉染成蓝紫色,蛋白质染成黄色,也是植物组织化学测定的重要试剂。

配方：碘化钾3g；蒸馏水100mL；碘1g

先将碘化钾溶于少量蒸馏水中，待全溶解后再加碘，振荡溶解后稀释至100mL，保存在棕色玻璃瓶内。用时可根据染色情况将其稀释，这样染色不致过深，效果更佳。如用于淀粉的鉴定，需稀释3-5倍；用于观察淀粉粒上的轮纹，需稀释100倍以上，观察效果更好。

（4）苏丹Ⅲ苏丹Ⅳ：能使木栓化、角质化的细胞壁及脂肪、挥发油、树脂等染成红色或淡红色，是著名的脂肪染色剂。

配方①：将0.1g苏丹Ⅲ或苏丹Ⅳ干粉溶解于10mL 95%酒精中，过滤后再加入10mL甘油。

配方②：将0.1g苏丹III或IV干粉溶解在50mL丙酮中，再加入50mL70%酒精。

（5）1%醋酸洋红：酸性染料，适用于压碎涂抹制片，能使染色体染成深红色，细胞质成浅红色。

配方：洋红1g；45%醋酸100mL。

煮沸2h左右，并随时注意补充加入蒸馏水到原含量，然后冷却过滤，加入4%铁明矾溶液1-2滴（不能多加，否则会发生沉淀），放入棕色瓶中备用。

（6）改良苯酚品红染色液：是近年来观察植物染色体新使用的比较理想的核染色剂。

配制步骤：先配成三种原液，再配成染色液。

原液A：取3g碱性品红溶于100mL 70%酒精中；

原液B：取原液A10mL加入90mL 5%苯酚（石炭酸）水溶液；

原液C：取原液B 55mL，加入6mL冰醋酸和6mL福尔马林（38%的甲醛）。

（注：原液A和原液C可长期保存，原液B限两周内使用）

染色液：取C液10~20mL，加45%冰醋酸80~90mL，再加山梨醇1.5g，配成10%~20%浓度的苯酚品红液，放置两周后使用，效果显著（若立即用，则着色能力差）。

适用范围：适用于植物组织压片法和涂片法，染色体着色深，保存性好，使用2~3年不变质。山梨醇为助渗剂，兼有稳定染色液的作用，假如没有山梨醇也能染色，但效果较差。

（7）中性红染液：用于染细胞中的液泡，可鉴定细胞死活。

配方：中性红0.1g；蒸馏水100mL

使用时再稀释10倍左右。

（8）苯胺蓝染液：为酸性染料，对纤维素细胞壁、非染色质的结构、鞭毛等，尤其是染丝状藻类效果好。对于高等植物多用于与番红作双重染色。

配方：苯胺蓝1g；65%或85%酒精100mL

（9）间苯三酚染液：溶液用于测定木质素，可使木质素染成紫色。

配方：间苯三酚1g；95%酒精100mL

注：此溶液呈黄褐色即失效。

三 被子植物常见科分科检索表(采用克朗奎斯特分类系统)

1. 子叶2个；叶片常具网状脉；花常为5或4基数……………………………………………………I双子叶植物纲 Dicotyledoneae（次1项见149页）。
2. 花无真正的花冠，有或无花萼，有时花萼类似花冠 （次2项见137页）。
3. 花单性；雄花为柔荑花序 （次3项见132页）。
4. 无花萼，或雄花有花萼。
5. 多为木质藤本；叶具掌状脉；浆果……………………胡椒科 Piperaceae
5. 乔木或灌木；叶常为羽状脉；果实不为浆果。
6. 叶片退化为具齿的鞘状物……………………木麻黄科 Casuarinaceae
6. 植物体为其他情形者。
7. 蒴果；种子多数，有丝状毛茸……………………杨柳科 Salicaceae
7. 坚果、核果或核果状的坚果，种子1枚。
8. 叶为羽状复叶；雄花有花被……………………胡桃科 Juglandaceae
8. 叶为单叶。
9. 核果；雄花无花被……………………杨梅科 Myricaceae
9. 坚果；雄花有花被……………………桦木科 Betulaceae
4. 有花萼，或雄花无花萼。
10. 子房下位。
11. 叶对生，叶柄基部互相连合……………………金粟兰科 Chloranthaceae
11. 叶互生。
12. 羽状复叶……………………胡桃科 Juglandaceae
12. 单叶。
13. 蒴果……………………金缕梅科 Hamamelidaceae
13. 坚果
14. 坚果藏于一变大呈叶状的总苞中……………………桦木科 Betulaceae
14. 坚果下托壳斗，或藏于一多刺的果壳中……………………壳斗科 Fagaceae
10. 子房上位。
15. 植物体具白色乳汁。
16. 子房1室，聚花果（桑椹果）……………………桑科 Moraceae
16. 子房2～3室；蒴果……………………大戟科 Euphorbiaceae
15. 植物体无乳汁，或在大戟科的重阳木属 *Bishofia* 中具红色汁液。
17. 子房为单心皮构成……………………荨麻科 Urticaceae
17. 子房为2枚以上的合生心皮构成。

18. 蒴果熟时裂为 3 分果；雄蕊 10 至多数…………………………大戟科 Euphorbiaceae

18. 果实非上述情形；雄蕊常少于 10。

19. 雌雄同株的乔木或灌木。

20. 子房 2 室；蒴果…………………………………………金缕梅科 Hamamelidaceae

20. 子房 1 室；坚果或核果……………………………………………榆科 Ulmaceae

19. 雌雄异株的植物。

21. 草木；叶掌状分裂或为掌状复叶………………………………………桑科 Moraceae

21. 木本；叶全缘，或为 3 出复叶………………………………大戟科 Euphorbiaceae

3. 花两性或单性，但不为柔荑花序。

22. 子房或子房室内有数个至多数胚珠（次 22 项见 133 页）。

23. 子房下位或部分下位。

24. 雌雄同株或异株。

25. 草木，叶常不对称…………………………………………秋海棠科 Begoniaceae

25. 木本……………………………………………………………金缕梅科 Hamamelidaceae

24. 花两性。

26. 子房 1 室。

27. 无花被；雄蕊着生在子房上……………………………… 三白草科 Saururaceae

27. 有花被；雄蕊着生花被上。

28. 肉质植物；叶常退化；花被片和雄蕊多数；浆果……………仙人掌科 Cactaceae

28. 非肉质植物；具正常叶；花 5 或 4 基数；蒴果…………虎耳草科 Saxifragaceae

26. 子房 4 室或更多室。

29. 雄蕊 4……………………………………………………………柳叶菜科 Onagraceae

29. 雄蕊 6 或 12……………………………………………… 马兜铃科 Aristolochiaceae

23. 子房上位。

30. 雌蕊或子房 2 至多数。

31. 木本，雄蕊连合成单体…………………………………………梧桐科 Sterculiaceae

31. 草本。

32. 复叶，或多或少有些分裂；心皮少数至多数……………………毛茛科 Ranunculaceae

32. 单叶；心皮和花萼裂片同数………………………………虎耳草科 Saxifragaceae

30. 雌蕊或子房 1 个。

33. 雄蕊周位，即着生于萼筒或杯状花托上。

34. 多汁草本植物；花萼花瓣状，宿存；蒴果盖裂…………………番杏科 Aizoaceae

34. 植物体为其他情形；花萼不为花瓣状。

35. 偶数羽状复叶，互生；花萼裂片覆瓦状排列；荚果…………豆科 Leguminosae

35. 单叶对生或轮生；花萼裂片镊合状排列；非荚果……………千屈菜科 Lythraceae

33. 雄蕊下位，即着生于扁平或凸起的花托上。

36. 叶为复叶或多少有些分裂……………………………………毛茛科 Ranunculaceae

36. 叶为单叶。

37. 侧膜胎座。

38. 花无花被………………………………………………………三白草科 Saururaceae

38. 花具 4 离生萼片………………………………………………十字花科 Cruciferae

37. 特立中央胎座。

39. 穗状、头状或圆锥花序；单被花…………………………………苋科 Amaranthaceae

39. 聚伞花序；两被花……………………………………………石竹科 Caryophyllaceae

22. 子房或其子房室内仅有 1 至数个胚珠。

40. 叶片中常有透明微点。

41. 叶为羽状复叶…………………………………………………………芸香科 Rutaceae

41. 叶为单叶。

42. 木本；花具一层花被，单性异株……………………………………大戟科 Euphorbiaceae

42. 草本，或有时在金粟兰科为木本；花无花被。

43. 子房下位，仅 1 室 1 胚珠 ………………………………… 金粟兰科 Chloranthaceae

43. 子房上位。

44. 雌蕊由 3～6 近于离生心皮组成，每心皮各有 2～4 胚珠……三白草科 Saururaceae

44. 雌蕊由 1～4 合生心皮组成，仅 1 室 1 胚珠……………………胡椒科 Piperaceae

40. 叶片中无透明微点。

45. 单体雄蕊，至少在雄花中有这现象。

46. 雌雄同株，雄花成球形头状花序……………………………………………菊科 Compositae

46. 花两性，如为单性时，雄花无上述情形。

47. 草本植物；花两性。

48. 叶互生……………………………………………………………藜科 Chenopodiaceae

48. 叶对生。

49. 花显著，有连合成花萼状的总苞…………………………紫茉莉科 Nyctaginaceae

49. 花微小，无上述情形的总苞…………………………………苋科 Amaranthaceae

47. 乔木或灌木，稀草本；花单性或杂性。

50. 萼片呈覆瓦状排列，至少在雄花中如此………………………大戟科 Euphorbiaceae

50. 萼片呈镊合状排列 …………………………………………………梧桐科 Sterculiaceae

45. 雄蕊各自分离，有时仅为 1 个，或为多体雄蕊。

51. 每花有雌蕊两个至多数，近于或完全离生。

52. 花托下陷呈杯状或坛状。
53. 灌木；叶对生……………………………………………………蜡梅科 Calycanthaceae
53. 草本或灌木；叶互生……………………………………………………蔷薇科 Rosaceae
52. 花托扁平或隆起，有时可延长。
54. 乔木、灌木或木质藤本。
55. 花两性，单生，有花被……………………………………………木兰科 Magnoliaceae
55. 花单性同株，头状花序，无花被……………………………悬铃木科 Platanaceae
54. 草本或稀为亚灌木，有时为攀援性。
56. 胚珠倒生或直生。
57. 叶片分裂或复叶；无托叶；有花被………………………毛茛科 Ranunculaceae
57. 叶为全缘单叶；有托叶；无花被…………………………三白草科 Saururaceae
56. 胚珠常弯生；叶为全缘单叶。
58. 直立草木；叶互生，非肉质………………………………商陆科 Phytolaccaceae
58. 平卧草本；叶对生或近轮生，肉质……………………………番杏科 Aizoaceae
51. 每花仅有 1 个复合或单雌蕊，心皮有时于成熟后各自分离。
59. 子房下位或半下位（次 59 项见 135 页）。
60. 草本。
61. 叶对生……………………………………………………金粟兰科 Chloranthaceae
61. 叶互生，多少有些肉质…………………………………………番杏科 Aizoaceae
60. 灌木或乔木。
62. 子房 3～10 室。
63. 坚果 1～2 个，同生在一个壳斗内……………………………………壳斗科 Fagaceae
63. 核果。
64. 雌雄异株，圆锥花序……………………………………………山茱萸科 Cornaceae
64. 花杂性，头状花序具白色叶状苞片…………………………蓝果树科 Nyssaceae
62. 子房 1 或 2 室。
65. 花柱 2 个。
66. 蒴果，2 瓣裂开………………………………………………金缕梅科 Hamamelidaceae
66. 果实呈核果状，或瘦果，不裂开…………………………………鼠李科 Rhamnaceae
65. 花柱 1 个或无花柱。
67. 叶片下面具皮屑状或鳞片状的附属物…………………胡颓子科 Elaeagnaceae
67. 叶片下面无皮屑状或鳞片状的附属物。
68. 叶全缘，互生或对生，雄蕊 10 个…………………使君子科 Combretaceae
68. 叶缘有锯齿。

69. 叶对生，羽状脉；雄花裸露，雄蕊 1 ~ 3 个………金粟兰科 Chloranthaceae

69. 叶互生，常三出脉；雄花具花被，雄蕊 4 个……………荨麻科 Urticaceae

59. 子房上位

70. 托叶鞘状，抱茎；草本，稀灌木…………………………………蓼科 Polygonaceae

70. 无托叶鞘，或在悬铃木科有托叶鞘。

71. 草本，或有时在藜科及紫茉莉科中为亚灌木。

72. 无花被。

73. 植物体具乳汁；子房 3 室………………………………大戟科 Euphorbiaceae

73. 植物体无乳汁，但常有香气；子房 1 室……………………胡椒科 Piperaceae

72. 有花被。

74. 花萼管状且类似花冠。

75. 花有总苞，有时总苞类似花萼 ………………………紫茉莉科 Nyctaginaceae

75. 花无总苞；韧皮纤维发达……………………………瑞香科 Thymelaeaceae

74. 花萼非上述情形。

76. 雄蕊周位，即位于花被上。

77. 羽状复叶互生；瘦果…………………………………………蔷薇科 Rosaceae

77. 单叶对生；蒴果………………………………………石竹科 Caryophyllaceae

76. 雄蕊下位，即位于子房下。

78. 花柱或其分枝 2 个或数个。

79. 子房常为数个至多数心皮连合而成………………商陆科 Phytolaccaceae

79. 子房常为 2 或 3（或 5）心皮连合而成。

80. 子房 3 室，稀可 2 或 4 室…………………………大戟科 Euphorbiaceae

80. 子房 1 或 2 室。

81. 花被及苞片草质，绿色……………………………藜科 Chenopodiaceae

81. 花被及苞片干膜质，常有色泽……………………苋科 Amaranthaceae

78. 花柱 1 个，常顶端有柱头，也可无花柱。

82. 花单性，雄花有雄蕊 4 或 5………………………………荨麻科 Urticaceae

82. 花两性。

83. 萼片 2；雄蕊多数………………………………………罂粟科 Papaveraceae

83. 萼片 4；雄蕊 2 或 4……………………………………十字花科 Cruciferae

71. 木本植物或亚灌木。

84. 果实及子房均为 2 至数室。

85. 花两性。

86. 雄蕊多数；具刺的蒴果………………………………杜英科 Elaeocarpaceae

86. 雄蕊 4~5，与萼片同数互生；核果或坚果……………鼠李科 Rhamnaceae
85. 花单性或杂性。
87. 果实各种；种子无胚乳或有少量胚乳。
88. 雄蕊常 8 个；果实坚果状或为有翅的蒴果……………无患子科 Sapindaceae
88. 雄蕊 5 或 4 个，且和萼片互生；核果……………………鼠李科 Rhamnaceae
87. 果实多呈蒴果状，无翅；种子常有胚乳。
89. 具 2 室的蒴果，外果皮木质或革质，内果皮角质……………………………………………………………………………………………金缕梅科 Hamamelidaceae
89. 果实纵为蒴果时，也不像上述情形。
90. 胚珠具腹脊，果实有各种类型，但多腹裂蒴果………大戟科 Euphorbiaceae
90. 胚珠具背脊，背裂的蒴果，或有时呈核果状……………黄杨科 Buxaceae
84. 果实及子房均为 1 或 2 室，稀 3 室。
91. 花萼具显著的萼筒，常呈花瓣状。
92. 叶无毛或下面有柔毛；萼筒整个脱落………………瑞香科 Thymelaeaceae
92. 叶下面具银白色或棕色的鳞片；萼筒或其下部宿存，果熟时变为肉质而紧包子房……………………………………………………胡颓子科 Elaeagnaceae
91. 花萼非上述情形，或无花被。
93. 花药瓣裂…………………………………………………………樟科 Lauraceae
93. 花药非瓣裂。
94. 叶对生。
95. 果实为有双翅或呈圆形的翅果…………………………槭树科 Aceraceae
95. 果实为有单翅而呈细长兼矩圆形的翅果………………木樨科 Oleaceae
94. 叶互生。
96. 叶为羽状复叶。
97. 叶为二回羽状复叶，或退化为叶状柄………………豆科 Leguminosae
97. 叶为一回羽状复叶。
98. 花两性或杂性…………………………………无患子科 Sapindaceae
98. 雌雄异株…………………………………………漆树科 Anacardiaceae
96. 叶为单叶。
99. 花无花被。
100. 多木质藤本；花两性或杂性，成穗状花序……………胡椒科 Piperaceae
100. 乔木；花单性。
101. 叶掌状脉，有托叶；雌雄同株，雌、雄花分别形成头状花序……………………………………………………………………悬铃木科 Platanaceae

101. 叶脉羽状，无托叶；雌雄异株，雄花簇生，雌花单生；坚果具翅………………………………………………………………杜仲科 Eucommiaceae

99. 花常有花萼，尤其在雄花。

102. 植物体有乳汁……………………………………………………桑科 Moraceae

102. 植物体无乳汁。

103. 雌雄异株；叶全缘；果实核果状，常1室1种子…大戟科 Euphorbiaceae

103. 花两性或单性；叶缘多有锯齿或具齿裂，稀全缘。

104. 子房2室，每室1至数个胚珠；木质蒴果…金缕梅科 Hamamelidaceae

104. 子房1室，仅含1胚珠；果实不是木质蒴果………榆科 Ulmaceae

2. 花具花萼也具花冠，或有两层以上的花被片，有时花冠可为密腺叶所代替。

105. 花冠常为离生的花瓣所组成（次105项见145页）。

106. 成熟雄蕊或单体雄蕊的花药多于10个，或其数超过花瓣的2倍（次106见140页）。

107. 子房下位或半下位（次107项见138页）。

108. 水生草本植物；子房多室……………………………………睡莲科 Nymphaeaceae

108. 陆生植物；子房1至数室，也可心皮为1至数个。

109. 茎肥厚肉质，多有刺，常无真正叶片…………………………仙人掌科 Cactaceae

109. 茎不呈仙人掌状，有真正的叶片。

110. 草本植物，稀为亚灌木。

111. 雌雄同株；花鲜艳，多成腋生聚伞花序；子房2～4室……秋海棠科 Begoniaceae

111. 花常两性。

112. 花3基数；叶茎生或基生，心形……………………马兜铃科 Aristolochiaceae

112. 花不为3基数；叶茎生，不呈心形。

113. 花萼裂片常为5，叶状；蒴果5室或更多室，于顶端放射状开裂…………………………………………………………………………番杏科 Aizoaceae

113. 花萼裂片2；蒴果1室，盖裂………………………马齿苋科 Portulacaceae

110. 乔木或灌木。

114. 叶对生或在石榴科中有时互生。

115. 花序（山梅花族例外）有不孕的边花…………………虎耳草科 Saxifragaceae

115. 花序无不孕花。

116. 叶为脱落性；花萼呈朱红色…………………………………石榴科 Punicaceae

116. 叶为常绿性；叶片中有腺体微点；花萼非朱红色………桃金娘科 Myrtaceae

114. 叶互生。

117. 无托叶；果实呈核果状……………………………………山矾科 Symplocaceae

117. 有托叶。

118. 伞房、圆锥、伞形或总状花序，稀单生；子房 2～5 室，下位；梨果………………………………………………………………………………………蔷薇科 Rosaceae

118. 头状或肉穗花序；子房 2 室，半下位；木质蒴果…金缕梅科 Hamamelidaceae

107. 子房上位。

119. 花为周位花。

120. 萼片和花瓣相似，覆瓦状排列成数层，着生于坛状花托的外侧…………………………………………………………………………………………蜡梅科 Calycanthaceae

120. 萼片和花瓣有分化，在萼筒或花托的边缘排列成 2 层。

121. 叶对生或轮生；花瓣有细爪，边缘具波纹或呈流苏状；蒴果…………………………………………………………………………………………千屈菜科 Lythraceae

121. 叶互生。

122. 草本，花 2 基数，萼片 2，早落；花瓣 4…………………罂粟科 Papaveraceae

122. 木本或草本植物，花 5 或 4 基数。

123. 花瓣镊合状排列；荚果；叶为二回羽状复叶，或退化为叶状柄；心皮 1 个…………………………………………………………………………………豆科 Leguminosae

123. 花瓣覆瓦状排列；核果、蓇葖果或瘦果；单叶或复叶；心皮 1 个至多数 ………………………………………………………………………………蔷薇科 Rosaceae

119. 花为下位花。

124. 雌蕊少数至多数，互相分离或微有连合。

125. 水生植物。

126. 叶片呈盾状，全缘……………………………………………睡莲科 Nymphaeaceae

126. 叶片不呈盾状，多少有些分裂或为复叶…………………毛茛科 Ranunculaceae

125. 陆生植物。

127. 草质藤本；花显著，两性花……………………………… 毛茛科 Ranunculaceae

127. 茎直立，不为攀援性

128. 单体雄蕊…………………………………………………………锦葵科 Malvaceae

128. 雄蕊的花丝互相分离。

129. 木本，叶全缘；花 3 基数，无萼瓣之分…………………木兰科 Magnoliaceae

129. 草本植物；叶片多少分裂或为复叶

130. 叶无托叶；种子有胚乳……………………………………毛茛科 Ranunculaceae

130. 叶多有托叶；种子无胚乳………………………………………蔷薇科 Rosaceae

124. 雌蕊 1 个，但花柱或柱头为 1 至多数。

131. 叶片中具透明微点。

132. 叶互生，羽状复叶或单身复叶……………………………………芸香科 Rutaceae

132. 叶对生，单叶……………………………………………………………藤黄科 Guttiferae

131. 叶片中无透明微点。

133. 单雌蕊或离生单雌蕊。

134. 乔木或灌木；花瓣呈镊合状排列；荚果……………………豆科 Leguminosae

134. 草本植物；花瓣呈覆瓦状排列；果实不为荚果。

135. 花为 5 基数；蓇葖果…………………………………………毛茛科 Ranunculaceae

135. 花为 3 基数；浆果……………………………………………小檗科 Berberidaceae

133. 复雌蕊。

136. 子房 1 室。

137. 植物体内含乳汁；萼片 2～3……………………………罂粟科 Papaveraceae

137. 植物体内不含乳汁；萼片 4～8………………………白花菜科 Capparidaceae

136. 子房 2 室至多室，或为不完全的 2 至多室。

138. 草本植物，萼片多少有些呈花瓣状。

139. 水生植物；雄蕊多数，呈花瓣状……………………睡莲科 Nymphaeaceae

139. 陆生植物；雄蕊不呈花瓣状。

140. 一年生草本；叶羽状细裂；花两性…………………毛茛科 Ranunculaceae

140. 多年生草本，叶全缘而呈掌状分裂，雌雄同株………大戟科 Euphorbiaceae

138.木本植物，或陆生木本植物，萼片不呈花瓣状。

141. 萼片于蕾内呈镊合状排列。

142. 雄蕊互相分离或连成数束。

143. 花药 1 室或数室；叶为掌状复叶或单叶，全缘而具羽状脉……………
………………………………………………………………木棉科 Bombacaceae

143. 花药 2 室；叶为单叶，叶缘有锯齿或全缘。

144. 花药以顶端 2 孔裂开………………………………杜英科 Elaeocarpaceae

144. 花药纵长裂开……………………………………………椴树科 Tiliaceae

142. 雄蕊连为单体，至少内层者如此，并且多少有些连成管状。

145. 花单性，萼片 2 或 3 片……………………………大戟科 Euphorbiaceae

145. 花两性；萼片常 5 片，稀较少。

146. 花药 2 室或更多室。

147. 无副萼；多有不育雄蕊；花药 2 室；单叶或掌状分离………………
………………………………………………………………梧桐科 Sterculiaceae

147. 有副萼；无不育雄蕊；花药数室；单叶全缘，具羽状脉……………………
………………………………………………………………木棉科 Bombacaceae

146. 花药 1 室。

148. 花粉粒表面平滑；叶为掌状复叶······················木棉科 Bombacaceae

148. 花粉粒表面有刺；叶有各种情形······················锦葵科 Malvaceae

141. 萼片于蕾内呈覆瓦状或旋转状排列，或有时在大戟科中近于镊合状排列。

149. 雌雄同株稀异株；蒴果由 2～4 个各自裂为 2 片的离果构成··············
··大戟科 Euphorbiaceae

149. 花常两性，或在猕猴桃科中为杂性或雌雄异株；果实为其他情形。

150. 草木或木本植物；花 4 基数，或其萼片多为 2 片且早落。

151. 植物体含乳汁；无或有极短子房柄······················罂粟科 Papaveraceae

151. 植物体不含乳汁；有细长的子房柄··············白花菜科 Capparidaceae

150. 木本植物；花常为 5 基数，萼片宿存或脱落。

152. 果实为具 5 个棱角的缝裂蒴果····························蔷薇科 Rosaceae

152. 果实不为蒴果，如为蒴果时则背裂。

153. 蔓生或攀援灌木；雄蕊互相分离；子房 5 室或更多室；浆果，常可食用
··猕猴桃科 Actinidiaceae

153. 直立乔木或灌木；雄蕊连成 3～5 束而着生于花瓣的基部；子房 3～5
室··山茶科 Theaceae

106. 成熟雄蕊 10 个或较少，如多于 10 个时其数并不超过花瓣的 2 倍。

154. 成熟雄蕊和花瓣同数且对生。

155. 子房 2 至数室。

156. 具卷须的木质或草质藤本··葡萄科 Vitaceae

156. 乔木、灌木或草本，无卷须。

157. 单体雄蕊；每子房室内含胚珠 2～6 个··························梧桐科 Sterculiaceae

157. 雄蕊互相分离，每子房室内含胚珠 1 个··························鼠李科 Rhamnaceae

155. 子房 1 室。

158. 花药常瓣裂；花瓣 6～9 片；单雌蕊·······························小檗科 Berberidaceae

158. 花药不为瓣裂；花瓣常 5 片；复雌蕊····························马齿苋科 Portulacaceae

154. 成熟雄蕊和花瓣不同数，如同数时则雄蕊和花瓣互生。

159. 花萼或其筒部和子房多少有些相连合（次 159 项见 141 页）。

160. 每子房室内含胚珠或种子 2 个至多数（次 160 项见 141 页）。

161. 花药孔裂；叶对生或轮生，基部具 3～9 脉···············野牡丹科 Melastomataceae

161. 花药纵长开裂。

162. 草木或亚灌木；有时为攀援性。

163. 具卷须的攀援草木；花单性；瓠果·····························葫芦科 Cucurbitaceae

163. 无卷须的植物；花常两性。

164. 萼片或萼裂片 2；植物体肉质……………………………马齿苋科 Portulacaceae

164. 萼片或花萼裂片 4～5 片；植物体不为肉质。

165. 花萼裂片呈覆瓦状或镊合状排列；花柱 2～5 个；种子具胚乳………………
…………………………………………………………虎耳草科 Saxifragaceae

165. 花萼裂片呈镊合状排列；花柱 1 个；种子无胚乳………柳叶菜科 Onagraceae

162. 乔木或灌木，有时为攀援性。

166. 叶互生。

167. 头状花序；常绿乔木；叶全缘或具浅裂……………金缕梅科 Hamamelidaceae

167. 总状或圆锥花序。

168. 灌木，叶掌状分裂，基部具 3～5 脉；子房 1 室；浆果…虎耳草科 Saxifragaceae

168. 乔木或灌木；叶全缘，具羽状脉；子房 3～5，核果或蒴果………………
…………………………………………………………安息香科 Styracaceae

166. 叶对生。

169. 胚珠多数，位于侧膜或中轴胎座上；浆果或蒴果……虎耳草科 Saxifragaceae

169. 胚珠 3～4 个，悬垂于子房室顶端；果实有棱角或翅…使君子科 Combretaceae

160. 每子房室内仅含胚珠或种子 1 个。

170. 双悬果；常为伞形花序…………………………………………… 伞形科 Umbelliferae

170. 果实不为双悬果；花序种种。

171. 草木，叶对生；花 2 基数；坚果具钩状刺毛…………………柳叶菜科 Onagraceae

171. 木本植物。

172. 果实干燥或为蒴果状。

173. 子房 2 室；花柱 2 个……………………………………金缕梅科 Hamamelidaceae

173. 子房 1 室；花柱 1 个；头状花序……………………………蓝果树科 Nyssaceae

172. 果实核果状或浆果状。

174. 叶对生或互生；花瓣镊合状排列，花序多种但稀为伞形或头状，或有时生于叶片上………………………………………………………山茱萸科 Cornaceae

174. 叶互生；花瓣呈覆瓦状或镊合状排列，伞形或头状花序。

175. 子房 1 室；花柱 1 个；花杂性兼雌雄异株；核果…………蓝果树科 Nyssaceae

175. 子房 2 室或更多室；花柱 2～5 个；浆果或核果……………五加科 Araliaceae

159. 花萼和子房相分离。

176. 叶片中有透明微点。

177. 花整齐或不整齐；荚果………………………………………………豆科 Leguminosae

177. 花整齐，稀两侧对称；非荚果…………………………………芸香科 Rutaceae

176. 叶片中无透明微点。

178. 雌蕊 2 个或更多，互相分离或仅有局部的连合
179. 多水分的草木，具肉质的茎及叶……………………………景天科 Crassulaceae
179. 植物体为其他情况。
180. 花为周位花。
181. 花各部分螺旋状排列，萼片逐渐变为花瓣，雄蕊 5 或 6 个；雌蕊多数…………………………………………………………………………蜡梅科 Calycanthaceae
181. 花各部分轮状排列，萼片和花瓣有分化。
182. 雌蕊 2～4 个，各有多数胚珠；种子有胚乳；无托叶…虎耳草科 Saxifragaceae
182. 雌蕊 2 个至多数，各有 1 至数个胚珠；种子无胚乳；有或无托叶…………………………………………………………………………… 蔷薇科 Rosaceae
180. 花为下位花，或在悬铃木科中微呈周位。
183. 草木或亚灌木。
184. 叶互生或基生，多少分裂；花瓣较萼片大，花后脱落…毛茛科 Ranunculaceae
184. 叶对生或轮生，为全缘单叶；花瓣较萼片小，花后宿存…马桑科 Coriariaceae
183. 乔木、灌木或木本的攀援植物。
185. 复叶互生；果实为核果或翅果……………………………苦木科 Simaroubaceae
185. 叶为单叶。
186. 叶对生或轮生…………………………………………马桑科 Coriariaceae
186. 叶互生。
187. 叶脉掌状，柄下芽；花单性…………………………悬铃木科 Platanaceae
187. 叶脉羽状，非柄下芽；花两性或单性…………………木兰科 Magnoliaceae
178. 雌蕊 1 个或至少其子房为 1 个。
188. 单雌蕊，仅 1 室。
189. 果实为核果或浆果。
190. 花 3 基数，稀 2 基数；花药瓣裂………………………………樟科 Lauraceae
190. 花 5 基数或 4 基数；花药纵裂。
191. 落叶具刺灌木；雄蕊 10 个，周位，均可发育…………………蔷薇科 Rosaceae
191. 常绿乔木；雄蕊 1～5 个，下位，常仅其中 1 或 2 个可发育………………………………………………………………………… 漆树科 Anacardiaceae
189. 果实为蓇葖果或荚果。
192. 果实为蓇葖果；落叶灌木；叶为单叶…………………………蔷薇科 Rosacece
192. 果实为荚果………………………………………………………豆科 Leguminosae
188. 复雌蕊，有 1 个以上的子房室或花柱、柱头、胎座。
193. 子房 1 室或因有 1 假隔膜的发育而成 2 室，有时下部 2～5 室，上部 1 室。

194. 花下位，花瓣4片，稀更多。

195. 萼片2片……………………………………………………罂粟科 Papaveraceae

195. 萼片4~8片。

196. 子房柄常细长,呈线状………………………………白花菜科 Capparidaceae

196. 子房柄极短或不存在。

197. 子房为2个心皮连合组成,常具2子房室及1假隔膜………………………………………………………………………………… 十字花科 Cruciferae

197. 子房3~6个心皮连合组成，仅1子房室。

194. 花周位或下位，花瓣3~5片，稀可2片或更多。

198. 每子房室内仅有胚珠1个。

199. 乔木,或稀为灌木;叶为羽状复叶或单叶……………漆树科 Anacardiaceae

199. 木本或草本；叶为单叶。

200. 乔木或灌木;无托叶； 花药瓣裂;浆果或核果……………樟科 Lauraceae

200. 草木或亚灌木;具膜质托叶;瘦果或坚果………………蓼科 Polygonaceae

198. 每子房内有胚珠2个至多数。

201. 木本植物。

202. 花瓣及雄蕊着生于萼筒上，花萼裂片3~6…………千屈菜科 Lythraceae

202. 花瓣及雄蕊着生于花托上，萼片5…………………海桐科 Pittosporaceae

201. 草本或亚灌木。

203. 侧膜胎座;花有距,花两侧对称;蒴果3裂………………堇菜科 Violaceae

203. 胎座位于子房室的中央或基底。

204. 花瓣着生于花萼的喉部……………………………千屈菜科 Lythraceae

204. 花瓣着生于花托上。

205. 萼片2片;叶互生,稀对生………………………马齿苋科 Portulacaceae

205. 萼片5或4片；叶对生…………………………石竹科 Caryophyllaceae

193. 子房2室或更多室。

206. 花瓣形状彼此极不相等。

207. 每子房室内仅有1个胚株,子房3室;雄蕊离生;叶盾状……………………………………………………………………………旱金莲科 Tropaeolaceae

207. 每子房室内有数个至多数胚珠。

208. 子房2室…………………………………………………虎耳草科 Saxifragaceae

208. 子房5室…………………………………………………凤仙花科 Balsaminaceae

206. 花瓣形状彼此相等或微有不等，有时花也可为两侧对称。

209. 雄蕊数和花瓣数既不相等，也不是它的倍数。

210. 叶对生。

211. 雄蕊 2;萼片及花瓣均为 4 数……………………………木樨科 Oleaceae

211. 雄蕊 4～10 个常 8 个。

212. 蒴果……………………………………………七叶树科 Hippocastanaceae

212. 翅果……………………………………………………槭树科 Aceraceae

210. 叶互生。

213. 叶为单叶；花单性…………………………………大戟科 Euphorbiaceae

213. 叶为单叶或复叶；花两性或杂性。

214. 萼片镊合状排列；雄蕊连成单体……………………梧桐科 Sterculiaceae

214. 萼片覆瓦状排列；雄蕊离生

215. 子房 4 或 5 室，每子房室内有 8～12 胚珠；种子具翅……楝科 Meliaceae

215. 子房常 3 室，每子房室内有 1 个至数个胚珠；种子无翅…………………
……………………………………………………无患子科 Sapindaceae

209. 雄蕊数和花瓣数相等，或是它的倍数。

216. 每子房室内有胚珠或种子 3 个至多数。

217. 叶为复叶。

218. 雄蕊连合成为单体………………………………酢浆草科 Oxalidaceae

218. 雄蕊彼此相互分离。

219. 叶为 1～3 回的三出叶，或为掌状叶……………虎耳草科 Saxifragaceae

219. 叶为 1 回羽状复叶……………………………………………楝科 Meliaceae

217. 叶为单叶。

220. 草木或亚灌木。

221. 花周位；花托多少有些中空。

222. 雄蕊着生于杯状花托的边缘…………………虎耳草科 Saxifragaceae

222. 雄蕊生于杯状或管状花萼（或即花托）的内侧……千屈菜科 Lythraceae

221. 花下位；花托常扁平

223. 叶对生或轮生，常全缘，无托叶………………石竹科 Caryophyllaceae

223. 叶互生或基生，稀可对生，边缘有锯齿，有托叶………椴树科 Tiliaceae

220. 木本植物。

224. 花瓣先端具撕状裂片……………………………杜英科 Elaeocarpaceae

224. 花瓣先端无撕状裂片。

225. 侧膜胎座；花瓣 5………………………………海桐科 Pittosporaceae

225. 中轴胎座；花瓣 5～8。

226. 花瓣离生，常具爪，花药纵裂…………………千屈菜科 Lythraceae

226. 合瓣花，花药顶端孔裂……………………………杜鹃花科 Ericaceae

216. 每子房室内有胚珠或种子 1 或 2 个。

227. 草本植物，有时基部呈灌木状。

228. 花单性…………………………………………………大戟科 Euphorbiaceae

228. 花两性………………………………………………牻牛儿苗科 Geraniaceae

227. 木本植物。

229. 叶对生；翅果……………………………………………槭树科 Aceraceae

229. 叶互生，如为对生时，则果实不为翅果。

230. 复叶。

231. 单体雄蕊…………………………………………………楝科 Meliaceae

231. 雄蕊各自分离。

232. 花柱 3～5 个；叶常互生，脱落性………………漆树科 Anacardiaceae

232. 花柱 1 个；叶互生或对生。

233. 叶为掌状复叶，对生，脱落性。果实为蒴果…………………………
……………………………………………………七叶树科 Hippocastanaceae

233. 叶为羽状复叶，互生，常绿性或脱落性；果实有各种类型…………
……………………………………………………无患子科 Sapindaceae

230. 单叶。

234. 单体雄蕊；花单性……………………………………大戟科 Euphorbiaceae

234. 雄蕊各自分离。

235. 果呈蒴果状。

236. 下位花，单性或两性；子房常 3 室……………大戟科 Euphorbiaceae

236. 周位花，两性………………………………………卫矛科 Celastraceae

235. 果呈核果状，有时木质化，或呈浆果状。

237. 落叶攀援灌木；雄蕊 10 个；子房 5 室………猕猴桃科 Actinidiaceae

237. 多为常绿乔木或灌木；雄蕊 4 或 5 个。

238. 花下位，雌雄异株或杂性；无花盘……………冬青科 Aquifoliaceae

238. 花周位，两性或杂性；有花盘…………………卫矛科 Celastraceae

105. 花冠为多少有些连合的花瓣所组成。

239. 成熟雄蕊或单体雄蕊的花药数多于花冠裂片（次 239 项见 146 页）。

240. 心皮 1 至数个，互相分离或大致分离。

241. 叶为单叶或有时可为羽状分裂，对生，肉质……………………景天科 Crassulaceae

241. 叶为二回羽状复叶，互生，不呈肉质……………………………豆科 Leguminosae

240. 心皮 2 个或更多，连合成一复合性子房。

242. 雌雄同株或异株，有时为杂性。

243. 雄蕊连成单体，或至少内层者如此，蒴果……………………大戟科 Euphorbiaceae

243. 雄蕊各自分离；浆果…………………………………………………柿科 Ebenaceae

242. 花两性。

244. 花瓣连成一盖状物，叶为单叶，具有透明微点……………… 桃金娘科 Myrtaceae

244. 花瓣及花萼裂片均不连成盖状物。

245. 每子房室中有 3 个至多数胚珠。

246. 雄蕊 5 ~ 10 个或其数不超过花冠裂片的 2 倍，稀在野茉莉科达 16 个，而为花冠裂片的 4 倍。

247. 雄蕊各自分离；花药顶端孔裂；花粉粒为四合型……………杜鹃花科 Ericaceae

247. 单体雄蕊或花丝于基部互相连合；花药纵裂；花粉粒单生。

248. 复叶；子房上位；花柱 5 个………………………………酢浆草科 Oxalidaceae

248. 单叶；子房下位或半下位；花柱 1 个；乔木或灌木，常有星状毛………………………………………………………………………… 安息香科 Styracaceae

246. 雄蕊为不定数。

249. 萼片和花瓣常多数，无显著的区分；子房下位；植物体肉质，常具棘针，退化…………………………………………………………仙人掌科 Cactaceae

249. 萼片和花瓣常 5 片，有显著的区分；子房上位。

250. 萼片呈镊合状排列；单体雄蕊……………………………锦葵科 Malvaceae

250. 萼片呈显著的覆瓦状排列。

251. 雄蕊连成 5 束，且每束着生于 1 花瓣的基部；花药顶端孔裂开；浆果…………………………………………………………………… 猕猴桃科 Actinidiaceae

251. 雄蕊的基部连成单体；花药纵长裂开；蒴果……………山茶科 Theaceae

245. 每子房中常仅有 1 或 2 个胚珠。

252. 植物体常有星状毛……………………………………………… 安息香科 Styracaceae

252. 植物体无星状毛茸

253. 子房下位或半下位；果实歪斜…………………………山矾科 Symplocaceae

253. 子房上位。

254. 雄蕊相互连合为单体；分果…………………………………锦葵科 Malvaceae

254. 雄蕊各自分离；蒴果………………………………………瑞香科 Thymelaeaceae

239. 成熟雄蕊并不多于花冠裂片或有时可因花丝的分裂则可过之。

255. 雄蕊和花冠裂片同数且对生。

256. 乔木和灌木；果实呈浆果状和核果状…………………………紫金牛科 Myrsinaceae

256. 草本；果实呈蒴果状……………………………………………报春花科 Primulaceae

255. 雄蕊和花冠裂片同数且互生，或雄蕊数较花冠裂片为少。

257. 子房下位。

258. 具卷须的攀援或蔓生植物；侧膜胎座……………………………葫芦科 Cucurbitaceae

258. 植物体直立，如为攀援时也无卷须。

259. 聚药雄蕊；头状花序………………………………………………………菊科 Compositae

259. 雄蕊各自分离。

260. 雄蕊着生于花托上；花药顶端孔裂开…………………………杜鹃花科 Ericaceae

260. 雄蕊着生于花冠上。

261. 雄蕊 4 或 5 个，和花冠裂片同数。

262. 叶轮生，如为对生时，则有托叶存在…………………………茜草科 Rubiaceae

262. 叶对生，无托叶或稀有明显的托叶……………………………忍冬科 Caprifoliaceae

261. 雄蕊 1～4 个，较花冠裂片少。

263. 子房 1 室；侧膜胎座……………………………………苦苣苔科 Gesneriaceae

263. 子房 3 或 4；中轴胎座……………………………………忍冬科 Caprifoliaceae

257. 子房上位。

264. 子房 2～4 深裂；花柱自子房裂片之间伸出。

265. 花两侧对称或稀可整齐；叶对生……………………………………唇形科 Lamiaceae

265. 花冠整齐；叶互生。

266. 花柱 2 个；多年生匍匐性草本；叶片呈圆肾形……………旋花科 Convolvulaceae

266. 花柱 1 个………………………………………………………………紫草科 Boraginaceae

264. 子房完整或为 2 个分离的心皮所组成；花柱自子房的顶端伸出。

267. 雄蕊的花丝分裂，雄蕊 2 个……………………………………罂粟科 Papaveraceae

267. 雄蕊的花丝单纯。

268. 花冠不整齐，常多少有些呈二唇状。

269. 成熟雄蕊 5 个。

270. 雄蕊和花冠离生……………………………………………………杜鹃花科 Ericaceae

270. 雄蕊着生于花冠上…………………………………………………紫草科 Boraginaceae

269. 成熟雄蕊 2 或 4 个，有时存在退化雄蕊。

271. 每子房室仅含 1 或 2 胚珠（如为 2 胚珠时，也可在次 271 项检索）。

272. 叶对生或轮生；雄蕊 4 个，胚珠直立，子房 2～4 室，有 2 个或更多的胚珠………………………………………………………………马鞭草科 Verbenaceae

272. 叶互生或基生；雄蕊 2 或 4 个；胚珠垂悬；子房 2 室，每子房内仅有 1 个胚珠…………………………………………………… 玄参科 Scrophulariaceae

271. 每子房室有 2 个至多数胚珠。

273. 子房 1 室，具侧膜胎座或中央胎座（有时可因侧膜胎座的深入而为 2 室）。

274. 多为乔木或木质藤本；复叶或单叶，对生或轮生；种子有翅…………………………………………………………………………紫葳科 Bignoniaceae

274. 多为草本；单叶，基生或对生；种子无翅……………苦苣苔科 Gesneriaceae

273. 子房 2 室，具中轴胎座。

275. 叶对生；种子无胚乳，位于胎座的钩状突起上…………爵床科 Acanthaceae

275. 叶互生或对生；种子有胚乳，位于中轴胎座上……玄参科 Scrophulariaceae

268. 花冠整齐，或近于整齐。

276. 雄蕊数少于花冠裂片。

277. 子房 2～4 室，每室内仅含 1 或 2 个胚珠。

278. 雄蕊 2 个……………………………………………………木樨科 Oleaceae

278. 雄蕊 4 个………………………………………………马鞭草科 Verbenaceae

277. 子房 1 或 2 室，每室内有数个至多数胚珠。

279. 雄蕊 2 个；每子房室内有 4～10 个胚珠垂悬于室的顶端……木樨科 Oleaceae

279. 雄蕊 4 或 2 个；每子房室内有多数胚着生于中轴或侧膜胎座上。

280. 子房 1 室，内具分歧的侧膜胎座，或因胎座深入而使子房成 2 室…………………………………………………………………苦苣苔科 Gesneriaceae

280. 子房为完全的 2 室，内具中轴胎座。

281. 花冠于蕾中常折叠………………………………………………茄科 Solanaceae

281. 花冠于蕾中不折叠，呈覆瓦状排列………………玄参科 Scrophulariaceae

276. 雄蕊和花冠裂片同数。

282. 子房 2 个，或为 1 个而成熟后呈双角状。

283. 雄蕊各自分离；花粉粒也彼此分离……………………夹竹桃科 Apocynaceae

283. 雄蕊互相连合；花粉粒连成花粉块……………………萝藦科 Asclepiadaceae

282. 子房 1 个，不呈双角状。

284. 子房 1 室或因 2 侧膜胎座的深入而成 2 室。

285. 子房为 1 心皮所成。

286. 花显著，呈漏斗形而簇生；瘦果，有棱角或翅……紫茉莉科 Nyctaginaceae

286. 花小，头状花序，荚果成熟后裂为仅含 1 种子的节荚…豆科 Leguminosae

285. 子房为 2 个以上连合心皮所成。

287. 花冠裂片呈覆瓦状排列……………………………苦苣苔科 Gesneriaceae

287. 花冠裂片常呈旋转或内折的镊合状排列……………龙胆科 Gentianaceae

284. 子房 2～10 室。

288. 叶常对生，且多在两叶之间具有托叶所成的连接线或附属物……………………………………………………………………马钱科 Loganiaceae

288. 叶为互生或有时基生，如为对生时，其两叶之间也无托叶所成的连系物，有时也可轮生。

289. 雄蕊和花冠离生，花药顶端孔裂；花粉粒为四合体；子房常 5 室………………………………………………………………… 杜鹃花科 Ericaceae

289. 雄蕊着生于花冠的筒部。

290. 雄蕊 4 个，稀在冬青科为 5 个或更多。

291. 无主茎草本，穗状花序生于花葶上………………车前科 Plantaginaceae

291. 乔木、灌木、或具有主茎的草本。

292. 叶互生，多常绿………………………………………冬青科 Aquifoliaceae

292. 叶对生或轮生。

293. 子房 2 室，每室内有多数胚珠………………玄参科 Scrophulariaceae

293. 子房 2 室至多室，每室内有 1 或 2 个胚珠………马鞭草科 Verbenaceae

290. 雄蕊常 5 个，稀更多。

294. 每子房室内仅有 1 或 2 个胚珠。

295. 核果；花冠有明显的裂片，并在蕾中呈覆瓦状或旋转状排列………………………………………………………………紫草科 Boraginaceae

295. 蒴果；花冠常完整而几无裂片，于蕾中呈旋转状排列………………………………………………………………………旋花科 Convolvulaceae

294. 每子房室内有多数胚珠。

296. 花冠多于蕾中折迭；雄蕊的花丝无毛，浆果或蒴果…茄科 Solanaceae

296. 花冠不于蕾中折迭；雄蕊的花丝具毛茸。

297. 室间开裂的蒴果……………………………玄参科 Scrophulariaceae

297. 浆果，有刺灌木…………………………………………茄科 Solanaceae

1. 子叶 1 个；叶多具平行叶脉；花 3 基数，少 4 基数……Ⅱ单子叶植物纲 Monocotyledoneae

298. 木本植物，呈棕榈状……………………………………………………棕榈科 Palmae

298. 草本植物，稀木本。

299. 无花被，或花被很小而不成花瓣状。

300. 花包于壳状鳞片（颖）中，由 1 至多花形成小穗。

301. 秆三棱形，实心；茎生叶三行排列；叶鞘封闭；坚果……………莎草科 Cyperaceae

301. 秆常圆筒形，中空；茎生叶二行排列；叶鞘一侧纵裂开；颖果…禾本科 Gramineae

300. 花不包于壳状鳞片中。

302. 沉水植物；花两性…………………………………………眼子菜科 Potamogetonaceae

302. 陆生或沼泽植物，常有位于空气中的叶片。

303. 叶有柄，具网状脉；肉穗花序，常具彩色的佛焰苞……………天南星科 Araceae

303. 叶无柄，常具平行脉。

304. 聚伞花序，花两性……………………………………………………灯心草科 Juncaceae

304. 花形成紧密的穗状花序。

305. 穗状花序生于二棱形无叶花葶的一侧，另一侧有绿色叶状佛焰苞；花两性………………………………………………………………………………天南星科 Araceae

305. 穗状花序位于圆柱形花梗的顶端，形如蜡烛而无佛焰苞片；雌雄同株………………………………………………………………………香蒲科 Typhaceae

299. 有花被，常显著，且呈花瓣状。

306. 雌蕊 3 个至多数，互相分离；花被裂片分化为萼片和花瓣；花常轮生；瘦果………………………………………………………………………………泽泻科 Alismataceae

306. 复雌蕊。

307. 子房上位，或花被和子房相分离。

308. 叶 3 至多枚轮生于茎顶，网状脉具 3～5 条基出脉；单花顶生，花瓣常细长线形……………………………………………………………………百合科 Liliaceae

308. 植物体无上述性状。

309. 花被有明显的萼瓣之分，叶基部具鞘……………………鸭跖草科 Commelinaceae

309. 花被裂片彼此相同或近相同，无明显的萼瓣之分。

310. 沼生或水生植物，雄蕊 6 个，彼此不相似，或有时不育…雨久花科 Pontederiaceae

310. 陆生植物；雄蕊通常 6 枚，彼此相似。

311. 多为草本，地下常具鳞茎、球茎或根茎…………………………百合科 Liliaceae

311. 地上茎木质化，不分枝或少分枝；地下常无鳞茎、球茎……………………………………………………………………………龙舌兰科 Agavaceae

307. 子房下位，或花被多少有些和子房相愈合。

312. 花两侧对称或不对称。

313. 花被片均花瓣状；雄蕊和花柱多少有些互相连合………………兰科 Orchidaceae

313. 花被片并不均成花瓣状，其外层者形如萼片；雄蕊和花柱相分离。

314. 发育雄蕊 5，1 个退化…………………………………………… 芭蕉科 Musaceae

314. 发育雄蕊 1，其余 5 个退化，或变形为花瓣状。

315. 花药 2 室；萼片连合为一萼筒，有时呈佛焰苞状…………… 姜科 Zingiberaceae

315. 花药 1 室，萼片分离。

316. 子房 3 室，中轴胎座，每室胚珠多数；不育雄蕊花瓣状……美人蕉科 Cannaceae

316. 子房3室或1室，每室1基生胚珠；不育雄蕊也呈花瓣状，多少有些互相连合……………………………………………………………竹芋科 Marantaceae

312. 花辐射对称，或近于整齐。

317. 缠绕藤本；网状脉；蒴果具3翅…………………………… 薯蓣科 Dioscoreaceae

317. 茎不缠绕；平行脉。

318. 雄蕊3枚；叶套褶…………………………………………………… 鸢尾科 Iridaceae

318. 雄蕊6枚；叶不套褶。

319. 子房部分下位…………………………………………………… 百合科 Liliaceae

319. 子房完全下位。

320. 具鳞茎，无具叶的地上茎；伞形花序或花单生…………石蒜科 Amaryllidaceae

320. 无鳞茎，常有具叶的地上茎；顶生圆锥、总状或穗状花序…龙舌兰科 Agavaceae

主要参考文献

1.戴宝合.野生植物资源学[M].2版.北京:中国农业出版社,2011.

2.邓洪平,孙敏,张家辉.植物学实验教程[M].重庆:西南师范大学出版社,2012.

3.邓洪平,王志坚,齐代华.生物多样性实习教程[M].重庆:西南师范大学出版社,2013.

4.贺学礼.植物学[M].北京:科学出版社,2008.

5.金银根.植物学[M].2版.北京:科学出版社,2010.

6.李飞凤.制作叶脉书签:生物学课外实践课程探索[J].生物学通报,2017,52(4).

7.李扬汉.植物学[M].上海:上海科学技术出版社,1978.

8.王幼芳,李宏庆,马炜梁.植物学实验指导[M].北京:高等教育出版社,2007.

9.李玉,刘淑艳.菌物学[M].北京:科学出版社,2015.

10.刘建武.海生藻类腊叶标本制作方法的改进[J].生物学通报,2018,53(9).

11.刘穆.种子植物形态解剖学导论[M].5版.北京:科学出版社,2010.

12.陆时万,徐祥生,沈敏健.植物学:上册[M].北京:高等教育出版社,1991.

13.马炜梁.高等植物及其多样性[M].北京:高等教育出版社;海德堡:施普林格出版社,1998.

14.母锡金,刘淑琼.植物的幼胚培养[J].植物杂志,1977(05).

15.强胜.植物学[M].北京:高等教育出版社,2006.

16.丘安经.植物学实验指导[M].广州:华南理工大学出版社,2001.

17.王英典,刘宁.植物生物学实验指导[M].北京:高等教育出版社,2001.

18.汪劲武.种子植物分类学[M].2版.北京:高等教育出版社,2009.

19.王明书,孙敏,白志川.结构植物学实验指导[M].重庆:西南师范大学出版社,2003.

20.王全喜,张小平.植物学[M].2版.北京:科学出版社,2012.

21.王幼芳,李洪庆、马炜梁[M].2版.北京:高等教育出版社,2014.

22.吴国芳,冯志坚,马炜梁,等.植物学:下册[M].北京:高等教育出版社,1992.

23.肖娅萍,田先华.植物学野外实习手册[M].北京:科学出版社,2011.

24.杨汉民,贾敬芬.怎样制作植物徒手切片[J].植物杂志,1978,8.

25.杨继.植物生物学[M].2版.北京:高等教育出版社,2007.

26.杨世杰.植物生物学[M].2版.北京:高等教育出版社,2010.

27.叶创兴,朱念德,廖文波,等.植物学[M].北京:高等教育出版社,2007.

28. 尹祖棠. 种子植物实验与实习[M]. 北京:北京师范大学出版社,2004.

29. 张明宇. 快速离析干燥木材的方法[J]. 生物学通报,2000,35(1).

30. 周云龙. 植物生物学[M]. 3版. 北京:高等教育出版社,1993.

31. 周仪. 植物形态解剖实验[M]. 2版. 北京:北京师范大学出版社,1993.